さいしょは、フルーツ

AYUMI

主婦と生活社

季節に合わせて作る
酵素シロップ

旬のフルーツと野菜、穀類、豆類、木の実の総重量に1.1倍の白砂糖を加えて作る酵素シロップ。甘み付けにも酵素シロップを使うことが多いので、一度にたくさん作ります。

スプラウトの水耕栽培

アルファルファを水耕栽培しています。清潔な空き瓶に、スプラウト専用の種を入れ、ガーゼと輪ゴムでふたをします。水を流し入れ、種を洗うようにじゃぶじゃぶ。水をよく切ったら、キッチンの片隅に。朝晩同じことを繰り返し、7~10日後くらいには発芽して食べられるようになります。

a 自家製調味料

塩麹、しょうゆ麹、味噌、酵素シロップ、KOMBUCHAなど、私が育てて作っている発酵調味料。

b ピーナッツバター

オーガニックのピーナッツで作られた自然の甘みのピーナッツバター。トーストにぴったり。

c 甜菜糖

基本的にお砂糖は精製された白砂糖ではなくビートから作られた甜菜糖を使用しています。

d メイプルシロップ

メイプルシロップはお砂糖の代わりに使っている甘みのひとつ。

e はちみつ

はちみつも未精製のものを使用。トーストに塗って食べるのが息子のお気に入りです。

f 天然塩

パスタをゆでたり、お漬物を漬けるのに使う塩は、原材料が海水のみのものを選んでいます。

g 吉野葛

とろみを付けたいとき温まりたいとき、風邪をひいたときに活躍する吉野の葛。

h オリーブ油と菜種油

料理に使う油はEXバージンオリーブオイルと菜種油。揚げ物は菜種油でカラッと！

調味料とお茶

i 白バルサミコ

お酢はワインビネガーより酸味が少なく、フルーティな香りの白バルサミコを使用しています。

j 三年番茶

番茶を発酵させて作った三年番茶。ポットに入れていつでも飲めるように準備しています。

k あずき茶

生のあずきをオーブンで焼いて、煮出して作るあずき茶。最近の私のお気に入りです。

うちの冷蔵庫

冷蔵庫の中は常備菜が。冷凍庫にはフルーツを常備しています。ほうれん草のお浸しは昆布と花がつおの出汁につけたもの、さといも煮は出汁で煮ただけ、鯖の味噌煮は手作り味噌としょうゆ麹で。マチェドニアは、ひと口大に切ったりんごとパイナップル、チアシードとクコの実をKOMBUCHAに漬けたもの。KOMBUCHAの甘みとりんごの酸味が絶妙でクセになる味です。

さといも煮

鯖の味噌煮

ほうれん草のお浸し

KOMBUCHAの
マチェドニア

冷凍フルーツ

自家製漬物

ぬか漬けも作りますが、わが家は塩漬けとKOMBUCHA漬けが人気かな。きゅうりがおいしい季節には、酵素の残りカスも入れた塩漬けを。ただ塩漬けするよりも、甘みとうまみが出て食べやすい。白菜はたっぷりの塩でもみ、昆布と塩麹、ゆずの季節ならゆずの皮も入れてチャック付きビニール袋へ。赤かぶは、塩でもんだ後、KOMBUCHAに漬けます。

包丁は研いで使う

3

2

1

子どものころスピードスケートのスクールに通っていました。父がスケートの刃を研ぐのを眺めるのが好きだったせいか、「刃を研ぐ」のが私の暮らしになじんでいます。だから包丁もこまめに研ぐのが習慣に。１砥石を１時間くらい水に浸けておく。２砥石が動かないようにふきんの上に載せる。３刃の角度に合わせてリズミカルに研ぐ！

まな板もね
汚れてきたら近所の材木屋さんで
表面を削ってもらっているの。
そうしたら
汚れもキズも取れて
新品みたいに
きれいになるんですよ。

肌ざわりのいいリネンが大好き。
このワンピースは、お友達の米田有希ちゃんがデザインしたもの。リビングのカーテンも、ベルギーリネンのお店「LIBECO」でオーダーしました。

銅の片手鍋

20年ほど前、まだだんなさんと付き合ってたころ、フランス旅行のお土産にもらったのが、この銅の片手鍋でした。以来、ずっと私たちの食卓を支えてくれているこのお鍋。いい案配のあめ色に輝いてきました。たまには磨いて大切に使い続けていきたいな。でも、海外旅行のお土産がお鍋って、ちょっと謎。スーツケースに入らないし、抱えて持って帰ってきたのかな？いつか聞いてみようと思います。

はじめに

こんにちは。ＡＹＵＭＩです。
体にいいと言われていることに興味があります。
話を聞いたり、本を読んだりして「いいな～」と思うことは
すぐに実践してきました。
ナチュラルでオーガニックなものに囲まれるのが理想ですが、
選ぶ基準は、〝できることを、できる範囲で〟続けられるかどうか。
今の世の中は、いろいろな商品があふれていて、
たとえば、自分で調理しなくても、
おいしいものが簡単に食べられますよね。
でも、それは本当に体にいいの？　安心して食べられる？

家族の安心安全は守れるの？
……気にし始めたら、きりがないんです。かといって
神経質にもなりたくないし、ストイックにもなりたくない。
なにより毎日続けられなければ意味がない。

だから。

欲ばらずに〝できることを、できる範囲で〟続けることが
大切なのだと気づいたんです。

それには、シンプルがいちばん。シンプルで十分。シンプルがいい。

そんな私の暮らしを紹介させてください。

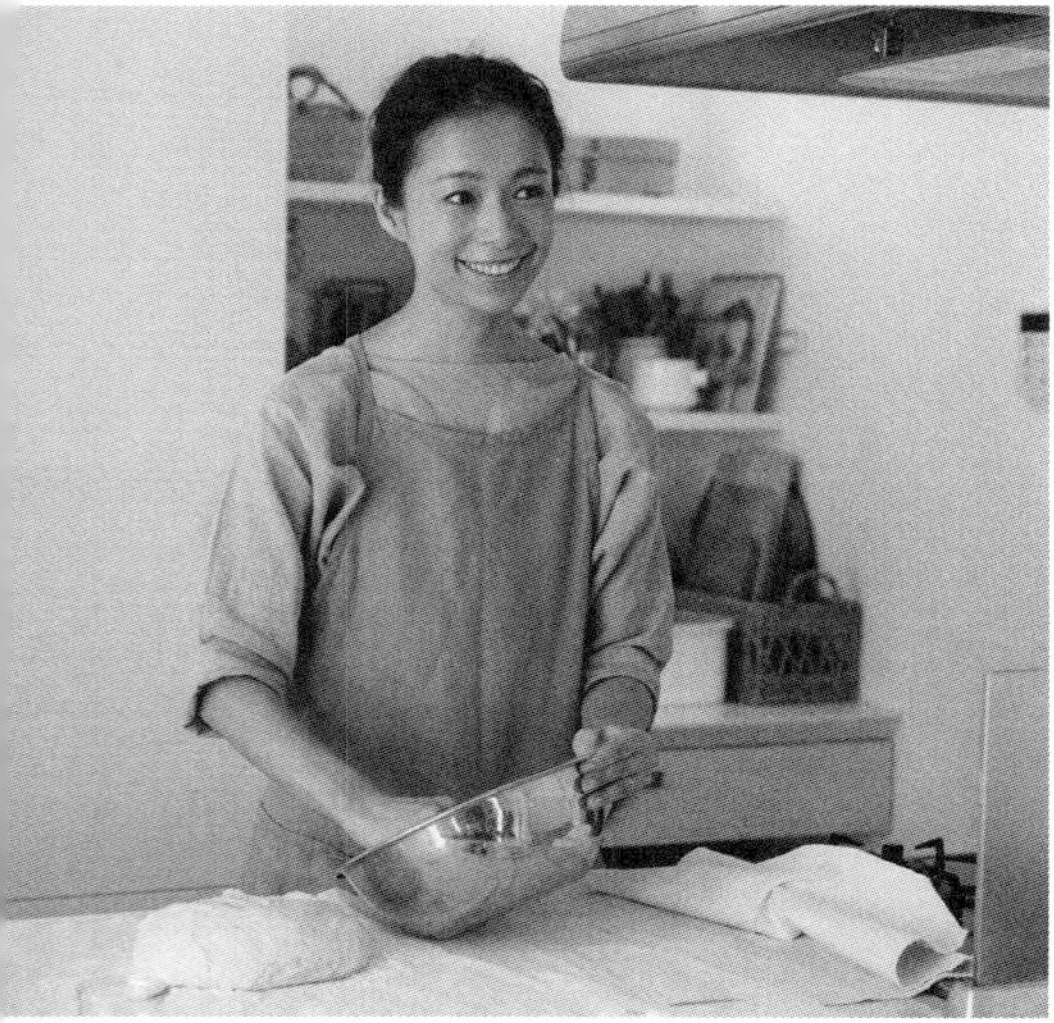

もくじ

1章

「素」ができるまで

子どものころはアトピーだった

モデルの仕事をしていると、初めてお会いするヘアメイクさんに、必ず「合わない化粧品はありますか？」と聞かれます。

私は肌が強いほうなので合わない化粧品はほとんどなく、肌のトラブルに悩まされることもほとんどありません。だからいつも「肌が強いので何を使っても大丈夫です」と答えています。

ところが。

すっかり忘れていたのですが、実は私、幼いころはアトピー性皮膚炎だったんです。

双子の兄と一緒に定期的に皮膚科に通院していました。暑い季節になってくると、ひじやひざの内側、足の付け根、わきがかゆくてかゆくて……。かきむしったところはグジュグジュ……。かさぶたができてはまたかきむしってしまい、またグジュグジュになり、の繰り返し……。

中学に入ったころには、「この年齢までアトピー性皮膚炎が治らないのならば、完治するのは難しいよ。一生付き合うことになるかもしれないね、女の子なのにかわいそうだなぁ……」とお医者さんに言われ、ショックと不安を感じたこともありました。

ですが、中学の3年間で15センチも身長が伸び、体もできあがってきたせいか、抵抗力がついたのかもしれません。高校生になるころにはだいぶよくなってきて、季節の変わり目や暑い時期に少し症状が出るかな、くらいになっていました。

母もできる範囲で食生活に気をつけてくれていたと思います。20代半ばになるころには、完全にかゆみなどを感じなくなっていました。

そのせいか、アトピーだったことを忘れていたみたい（笑）。「私はちょっと地黒だから、ひじやひざの内側が少しだけ黒いのよね。色白に生まれたかったなあ、でも肌が強くてよかった！」と思い込んでいました。

先日、デビュー当時から知っているヘアメイクさんに、「出会ったころは、アトピーっぽくなっていたことがあったよね」と指摘されて、自分が昔、アトピーだったことを思い出したんです。

そう！ 私のひじやひざが少し黒ずんでいたのは、地黒だからではなくて、アトピーで肌をかきむしった跡が色素沈着したものだったの～（笑）。変な勘違いしていて、笑っちゃいました。

今ではアトピーだったことを自分でも忘れるくらいに、肌の感じも、若いころよりもトラブルを感じず、強くなったと思います。

母が遺してくれた教え

「AYUMIさん、お料理好きなんですね」

よく言われるのですが、そう、私はお料理が大好き♪　家にいるときは、ほとんど台所に立って、パンを焼いたり、子どもたちのおやつを作ったり。いつも何かを作っています。

食べることも大好きで、お友達と食事に行くと、「モデルなのに、そんなに食べて飲んで、大丈夫⁉」と心配されるほど(笑)。

幼いころから、お料理に興味を持っていたんでしょうね。いつも台所に立つ母の横にくっついていました。母がごはんを作る姿を見るのが大好きでした。中学生になるころには、一緒に台所に立ち、おしゃべりをしながらお手伝いをするのがすごく楽しかった。今、娘も〝幼いころの私〟と同じ。キッチンに立つ私の隣にいつもくっついています。

料理好きな母は、いつも仕事から帰ってくると、おいしいごはんを作ってくれました。五目ご飯や茶碗蒸し。シチューもホワイトソースから手作り。市販のお総菜や冷凍食品が食卓に上った覚えがありません。カップラーメンも食べてみたいなあ、と思っていたけど買ってもらえなくて……。初めて食べたのは中学に入ってからだったかな。

私の育った町、北海道の十勝には、東京のように徒歩や自転車でさっと行けるスーパーマーケットやお総菜屋さんなどがなかったこともあるのでしょうが、それ以上に、母は手作りの食事にこだわっていたのだと思います。

そんな母のごはんが大好きでした。

きっと私と同じで、料理が好きで、できる範囲で子どもたちに愛情たっぷりのごはんを作ってくれていたんじゃないかなぁ、と思います。

母は、私が25歳の時に他界しました。入院と同時に余命5か月の宣告を受けて……。あまりに突然のことでした。母本人に余命は伝えられませんでした。

東京にいた私は兄から連絡を受け、本当につらかった……。母は世界でいちばん好きな人。実は18歳まで母と同じ布団で寝ていたほど、お母さんっ子だったんです。

病室の母に、悲しい顔を見せまいと、必死でした。そんな私の顔を見て母は、何かを感じていたかもしれませんね。母娘ですから。

宣告を受けたからといって、諦めることはできません。少しでも体にいいことや体にいい食べ物を母に伝えようと決心し、私なりに自然食品店や本屋さんに足を運び、いろいろな情報を集めました。今のようにインターネットが盛んでなかったので、地道な作業でした。

そして東京と母の入院する十勝を2週間ずつ行き来する生活に。

「母さんは大丈夫だから、好きな仕事をしておいで」と何度も口にしていた母……。最期の2か月は仕事を休み、母の病院に泊まりこんで、一緒に過ごしました。この、母と過ごした時間は、私の宝物です。

入院から5か月、母は逝きました。

当時の私は、〝体にいいこと〟について知らないことだらけ。母の闘病生活は刻々と過ぎていくのに、ひとつずつ地道に〝体にいいこと〟を探すしか術がありません。自分の無力さがとても悔しかった。思い出すと今でも悔しくなります。それからかな。体にいいことを生活に取り入れていきたいと考え、より自然を意識して暮らし始めるようになったのは。

母が最期に身をもって私に教えてくれた大切なことだったと感じています。

忘れられない母の言葉があります。

「お金がなくても、食べる物から節約しちゃ駄目よ」
「食べる物で体がつくられるんだからね、体がいちばん大切だからね」

ハッとしました。

ちょうど親元を離れて暮らし始めたころでした。私が、おしゃれや遊ぶことに興味を持ち、食事をおろそかにしていたのを、母は気付いていたのでしょう。食事を大切にしていた母らしいですよね。

以来、母の言葉は、いつも心にあります。そして、自分の子どもたちにも残したい大切な言葉になりました。

でも母が、どんな思いで、どんなことに気をつけて食事作りをしていたのか、聞けないままになってしまいました。もし母が生きていたら、一緒にそんな話をしてみたかったなぁ〜。

慣れない東京暮らし

短大卒業後、モデルの仕事のスタートと同時に東京に上京してきました。最初のころは、都会の環境になかなか慣れない日々。

私は、北海道の十勝育ちです。180度に広がる空と、大きくてまっすぐな道。そしてどこまでも広がる大地。

人ものんびりしていました。

「すれ違う人には、きちんとあいさつしようね」

そう言われて育った私は、目が合ったらあいさつしなきゃと思うのに、東京は人が多すぎて……、あ、あいさつ、で、できない……。

駅のホームで、渋谷のスクランブル交差点で、そんなことを思い、戸惑いながら始まった東京暮らし。

今、思い出すと笑ってしまうのですが、そのころは、笑うどころか真剣に悩んで、いつも不安を胸に毎日を過ごしていました。お店や物もあふれていて、夜になるとキラキラとネオンがたくさんついて、どこを見たらいいのかわからないし、なんだか頭も心もそれだけで疲れちゃう。

おまけにモデルの仕事は、撮影現場まで自分ひとりで行かなければなりません。あっちのスタジオに、こっちの集合場所……。慣れない電車に乗るうえ、土地勘がないので、電車の路線図と東京の地図とをにらめっこしながら移動する日々。携帯電話がまだ一般的でなく、女の子はポケベルを使っていた時代でしたから、路線図と地図が頼りでいつも握り締めていました。

そのうち、都会の人にも物にも、たくさんの情報にもつらくなってきてしまって。

できるだけ余計なものを目に入れたくなくて、帽子を目深にかぶり、あまり周りを見ないようにしながら過ごしていた時期もありました。仕事も忙しく、毎日まいにち頑張って……。やっと休日がきても、ただただ体を休めることに専念。遊びに行く元気もあまりありませんでした。

上京して最初の1年は、大都会に慣れるのに精一杯でした。

当時は、まだモデルになりたてで、自信もまったくなくて。まわりのモデルさんはみんな細くて、かわいくて……。なんだかコンプレックスの塊。

そんな自信を喪失している私に、いつも電話の向こうから励ましてくれたのが母でした。

「今日も緊張しちゃった」

「なんか今月号のあのページ、思うようにできなくて……」

と、弱音を吐く私に、

「雑誌見たら、すごくかわいいよ」

「あゆ、キラキラしてるね」

「お母さん、毎日この雑誌持ち歩いて、お友達に見てもらってるんだよ」

「みんな、かわいいね～!!　って言ってるよ～」

笑いながらそんなことを言う親ばかな母に、いつもいつも心が救われて。

母の励ましが聞きたくて、母に電話していました。


それが、母の闘病を目の当たりにして、母の死を経験して……。

少しずつ自分の中で〝大切なもの〟や〝大切なこと〟が変わっていったような気がします。

〝元気〟じゃなきゃ、何もできないこと。

〝健康〟でいられることが、当たり前じゃないこと。

何が大切なのか。

何を大切に生きていきたいか。

そんなことを、母が教えてくれたことに気がつきました。


欲張らなくていい。

まずは元気でいること、健康でいること。

家族ができて、それは自分だけのことじゃなくなって、今度は家族みんなが健康で、元気でいてくれることを願うようになりました。都会に物があふれすぎているように、私たちも選択肢が多くなりすぎていて、戸惑うこともあります。それでもできる範囲で体にいい物や優しい物を選ぶようにしていきたい。

あれもこれもでは、忙しすぎるし、必要だとも思いません。

できるだけシンプルな暮らしで、ゆったり穏やかに生きていきたい、そう願っています。

できる範囲がちょうどいい

できるだけシンプルに、自然に優しい暮らしを心がけていますが、私の心にあるのは、いつも〝できる範囲で〟ということ。いちばん大切なことは、暮らしの中で、体も心も〝心地よい〟ことだと思っています。だから〝無理はしないで、できる範囲〟くらいが、ちょうどいい。

少しずつ取り入れている、オーガニックの食べ物や生活用品。シャンプーや石けんなどは、何より使い心地がよく、自然の香りに癒されます。

しかも環境にも優しいことが、大切ですよね。

食べる物も、できるだけ無農薬の物を選びたいとは思っていますが、近くのお店で買えないので、現実は生活動線の中で立ち寄れるスーパーや八百屋さんで買うことがほとんどです。

スーパーでの買い物のときには、〝素材〟を買うように心がけています。野菜もフルーツも、お魚もお肉も、ハムや缶詰といった加工品を買うのではなく、できるだけ手が加えられていない物を選ぶようにしています。自宅では、その素材をきちんとした調味料で調理するようにして。心がけるだけで、添加物などの〝素材以外の物〟を減らせると思うから。


私が理想とする体に優しいごはんは、新鮮なフルーツをたっぷりに、シンプルな味付けの生野菜。それに玄米か酵素玄米のご飯と。食材がオーガニックなものだとさらに理想的です。

とはいえ仕事柄、外食の機会もたくさんある私。オーガニックの食事が理想だからといって、外での食生活まで、ストイックに気をつけようとは思っていません。友達や仕事関係の人との食事も、存分に楽しんでいます。外食は、みんなと楽しく食べることが大切ですよね！

家族も同じです。だんなさんも子どもたちも、みんなそれぞれ外での時間があるのですから。

でも。

そのぶん、おうちでのごはんは、私が作れる範囲で、〝体に優しい理想のごはん〟を家族に届けたいと思っています。

とはいえ、自分のペースになりすぎないように気をつけつつ、家族の様子を見ながら理想の食事を取り入れるようにしています。

自分だけだったら玄米ご飯や酵素玄米にしたい。野菜だけで十分な日もある。けれど家族がいるから。自分よりも家族の好みを尊重しつつ、でもできるだけ体にいい物を、と考えた献立に。野菜もお肉もお魚もバランスよく食卓に並べるように心がけています。

ときにはそれを忘れて、つい野菜だけのメニューの日が続いてしまい、だんなさんから「もっと肉、食べさせてよ〜！」と言われてしまうことも（笑）。そんな時は、肉料理の王様、すき焼きに！

食べ方は、家族でさまざま。だんなさんと娘は生卵でこってり、私と息子はポン酢と大根おろしでさっぱり食べるといった具合です。

翌日からはまた、生野菜の多いメニューに戻します。外食もお肉料理も我慢せず食べればいい。数日単位でバランスが取れるように工夫すればいいのですから。そのくらい緩やかにおおらかに考えています。

どうしてもごはんを作る時間がないときは、帰り道にお総菜を買うこともあります。

自分では、お菓子や加工食品を買い控えているほうですが、たまにはスナック菓子やインスタントラーメンを買うこともあります。


家族で登山に行く時に、久しぶりにポテトチップスを買って持っていくことにしたら、子どもたちは大喜び！

なのに、私ったら車にポテトチップスを忘れて山に登り……。山頂で、探せど探せど出てこないポテトチップスに、子どもたちはどれほどガッカリしたことか。普段スナック菓子を買い置きすることが少ないので、なおさら楽しみにしていたんでしょうね。

こんな感じに、〝できる範囲で〟。

これくらいの緩さがちょうどいいと思っています。

いつも心にあるのは、できるだけ、体に優しい食事を、家族に届けたいということ。

それが母親である、私にできることだから。

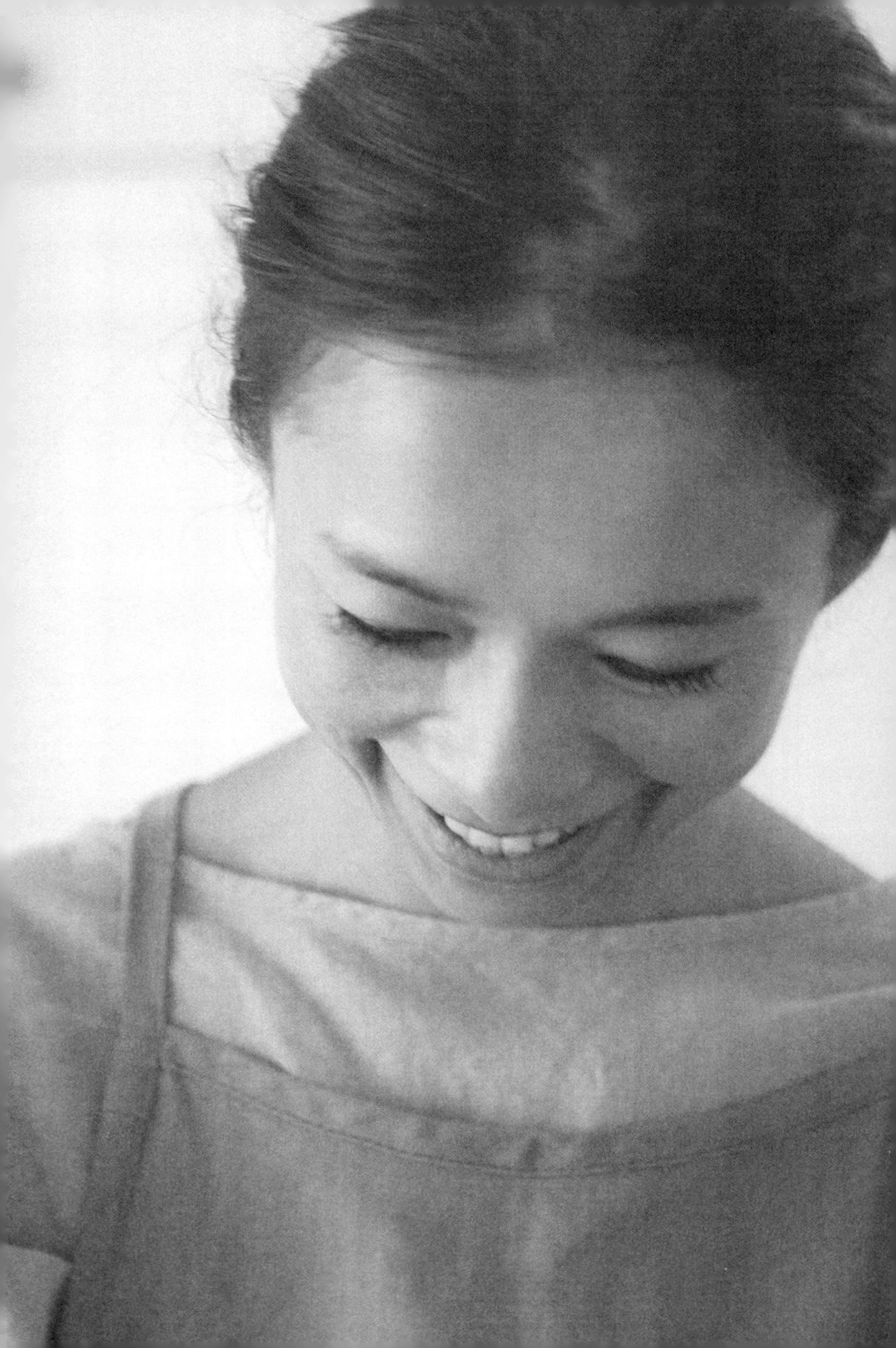

2章

食の素

妊娠出産で食生活を見直し

2006年に息子を、そして2009年に娘を出産。母の死もそうでしたが、妊娠出産という経験は、私の食への意識を大きく変えました。妊娠がわかってまず始めたのが、食生活の見直しです。新しい命のために、安心安全な物を食べなくてはと思うようになりました。できるだけ体にいい物を、子どもたちに届けたい。

食べ物への価値観も変わったように思います。値段が高ければ体にいいとはかぎらない、食があふれている時代だからこそ、自分でしっかり吟味しなくてはいけないという意識も出てきました。

子育ては、私ができる大切な人生のお役目。

しっかりと次世代に命をつないでいくために、健康を意識した日々の食生活を心がけていきたいと思うようになったんです。

東日本大震災と福島第一原子力発電所の事故が起こったのは、ちょうど娘に母乳をあげ終わった時期。多くのお母さんたちが食の安全に不安を持ったように、私も不安にかられました。

不安の中、次々といろいろな情報や意見が入ってきます。

一時は、西や南から食材を取り寄せようか、と思ったこともありました。でも私、家族に食べさせる物は、自分の目で見て、選びたいんですね。だから、食材の宅配も何度か挑戦はしたのですが、続かなくて。

では、自然食などを扱うナチュラルフードショップでお買い物すればいいのかというと、そうでもなくて。お買い物だけのためにわざわざ出かけるのは、ちょっと大変。それに、自然食ばかり買うのはお財布にも負担……、と、こちらも続きません。

結局、これまでどおり、近所の普通のスーパーマーケットに通っています。長く続けるためには、日々の生活動線の中で、無理のないお買い物ができることが大切だと気づいたんです。

その代わり、自分なりのやり方で、家族の食卓を守っていこうと決めました。〝全部〟は守れないかもしれませんが、自分の知っている範囲の中で家族の健康を守ることにしたんです。

食材を買うときは原産地を確認すること。

原材料に何が使われているのか、きちんと見ること。

この2つは、お買い物の際、必ず実践しています。この方法が合っているかどうかはわかりません。

でも、まずはできることから。

人は人。私は私。それでいい。それがいい。

ローフード

「ローフード（Raw food）」って、ご存じですか？

ナチュラルなものに興味のある人なら、聞いたことがあると思います。

ローフードとは、食材を生（Raw）で食べる食事法のこと。食べる順番が大切で、必ず食事の最初にローの物を食べます。食材に火を通さず、生で食べることによって、フルーツや野菜の酵素や栄養素が効果的に摂れ、健康や美容・ダイエットにも効果が出るといわれています。

以前から興味はありましたが、2年ほど前、しっかりと学びたくてローフードマイスター1級を取得しました。やはりきちんと勉強をすると、〝理解できたうえで実践〟できるので、自然とローフードの割合が食生活に増えていきましたよ。
それにね、ローで食べるということは、火を使わなくていいので、手間がかからず簡単♪　ローフードを勉強してから、手を加えすぎないメニューが増えた気がします。

だれもが簡単に実践できる、初心者向けのローフードの食事法をお教えしますね！
最も簡単なローフードレシピは大根おろしとりんご。この2つはローフードの食事法を続けていくうえで欠かせない食材です。

まず大根おろし。

手ですりおろすのが面倒な人は、フードプロセッサーに長めにかけてみてください。簡単に大根おろしが作れます。

大根は消化を助けるジアスターゼという酵素が多く含まれていて、ビタミンCも豊富な優秀野菜。しかも、すりおろすことで、さらに消化吸収がよくなるんですよ。だから、わが家の食卓では常連です。必ず、食事の初めに食べるようにします。しょうゆ麹やKOMBUCHA（コンブチャ）をかけて食べるのがお気に入り。じゃこをのせることもあります。

そしてりんご。

りんごには、抗酸化物質のペクチンや、ポリフェノールも豊富に含まれていて、整腸作用や老化防止、疲労回復効果もあるんですね。家族全員、りんごが大好き！　りんごの季節には、家にはいつもりんごがあります。

そのまま食べるのはもちろん、スムージーにしたり、サラダに加えたり、ドレッシングにしたり、すりおろしたり……。大根おろし同様、りんごもすりおろすことでさらに消化吸収しやすくなるんです。

そういえば、幼いころ、お熱が出たり、風邪をひいたりすると母がりんごをたっぷりとすってくれました。

ローフードを勉強してからというもの、懐かしの母の味、すりおろしりんごがわが家でも定番になりましたよ。子どもたちも風邪っぽくなると「お母さん、りんごすって〜」と甘えるようになりました。やっぱり、この〝ひと手間〟で愛情が伝わるのかな⁉

フルーツから食べてね

もともと母の大好物がフルーツでした。だから食後のデザートといえば、季節のフルーツが多かったかな。そう、いつもごはんをしっかり食べた後にフルーツを食べていたんです。もし今、母が生きていたら、「最初にフルーツを食べてね」って伝えたい。なぜかというと、食べ物の中でフルーツがいちばん消化が早くて、食事のいちばん最初に食べるのがいいから。2年前に、ローフードマイスターの資格を取る際に、学びました。

もしも、消化に時間のかかるお肉などを食べた後で、食後のデザートにフルーツを食べると……。お肉の消化に時間がかかり、腸内は大渋滞。その間、消化スピードの早いフルーツは先に進めず、腸内でそのまま腐敗してしまいます。結果、きちんと栄養を吸収できなくなってしまい……。

きちんと消化吸収できていれば、おならはあまり出ないんですよね。ローフードの勉強をする前は、おならがたくさん出るのは腸が活発に働いている証拠だからいいことなんだ、と勘違いしていました。現に私も、フルーツを最初に食べるようになってから、あまりおならをしなくなりました。

私も母も〝屁《へ》こき虫〟でした。

あまりにも母がおならをするので、一緒に寝ていると「あゆみが、黄色くなる！」と父が苦笑しながら、心配したほどでした（笑）。いつもおならをしては、母と2人で「腸が健康な証拠よね〜」なんてクスクス笑っていたんです。

食べた物がきちんと消化されていない証拠だとは、当時、知識がなくて知りませんでした。

〝腸が健康〟で〝屁こき虫〟だったわりになぜか、ものすごい便秘体質だった私。何日も便が出ないなんてこともよくありました。便秘薬こそ飲みませんでしたが、センナ茶を飲んだりして……。でも、このお茶を飲むとおなかが痛くて痛くて。次の日がお休みのときだけしか飲めませんでした。それがフルーツを最初に食べ始めるようになってから、便秘がなくなったんです。

不思議なことに、フルーツを先に摂っていると、便があまりにおわないんです。子どもたちなんて、ほとんど無臭！　すごいなぁ〜、体がクリーンなんだなぁ〜って思います。皆さんも自分の便を気にしてみてください。人によって違うかもしれませんが、お肉やにんにくなど香味野菜たっぷりの外食をした次の日など、すごく便がにおった経験はありませんか？

便は、健康の大切なバロメーター。赤ちゃんを育てるとき、お母さんたちは、すごく赤ちゃんの便の色やにおいを気にしますよね。大人になっても同じです。だから私も、きちんと自分の便を意識しています。

フルーツには果糖が多いから、食べすぎないように気をつけている方、いますよね。これも誤解だと思います。気をつけるべきは、食べる順番です。フルーツの甘みは果糖で、白砂糖などとは違うもの。だから空腹時にフルーツを食べても、果糖は酵素として働くので、太ったりしないんですよ。甘みの強いバナナやマンゴーでも、です。どんな食べ物より消化が早く、酵素をたっぷり含んでいるので、むしろ体は喜ぶはず。

わが家では、家族全員、毎日のようにフルーツを食べています。もちろん食べるのは、食後ではなく、必ず食事の前。

でも世間では、学校給食も含め、まだまだ〝食後にフルーツ〟が当たり前。昔、小学校に入学したばかりのころの息子に「給食でも最初にフルーツから食べてね」と言ったところ、「おうちではいいけど、順番が違うから、先生には、ごはんを全部食べてからフルーツを食べてって言われるよ」とのこと。それが普通ですもの、仕方のないことだと思います。声を大にしてまで、わが子だけが食べる順番を変えてもらおうとも思いませんでした。

いつか学校全体、世の中みんなが「さいしょは、フルーツ」と変わってくれればいいなと思っています。

消化の早い食べ物から食べたほうが体にいいことを、食事のたびに話していたら、わが家では当たり前のルールになっていきました。

今では子どもたちも、フルーツから先に食べるのが習慣になったようで、先生に注意されても、「うちではお母さんに、フルーツは最初に食べてねって言われてるの」と、話しているみたいです。

何も考えずに体にいい物を食べるのではなく、消化の仕組みを知り食べる順を考え、その理由を知ること。それが人生の財産になると思います。なぜなら、食べることは、毎日のことだから。だからこそ、〝食べ方〟も大切にしたいですよね。

大豆＋小麦＋塩＝醤油

20代のころは、あまり考えずに食材を買っていた気がします。知識が少なかったんですね。

でも、東日本大震災をきっかけに、原産地を知ること、原材料表を見ることを心がけるようになりました。私だけでなく、この震災をきっかけに、世の中のお母さんたちの食への意識も変わったと思います。

原材料表を見るようになると、食への意識がぐんと変わりました。たとえばお醤油ひとつにしてみても、すごくシンプルな材料だけで造られたものと、お酒や醸造アルコールが入っているものとがあって、こんなにもいろいろな種類があるんだなぁということに気づきました。

どれを選ぼうかな……。それまでは、お値段を見て安い物を買うことが多かったように思います。でも、原材料に違いがあることを知ってからは、値段だけでは選ばなくなりました。

「いちいち原材料表を見たりするのは面倒じゃない?」と思われるかもしれませんが、食に興味のある私にとっては、知ることは勉強にもなり、楽しみでもあるんです。それに、たくさんある商品の中から、自分なりの選択ができるようになりますし。

私はいつも大豆、小麦、塩だけで作られたお醤油を選んでいます。そのほうが調味したときに、素材の味がおいしく感じられるから。

ときには便利なだしパックも使いますが、かつお節、いわしの煮干し、昆布としいたけのみが粉末になったものを使っています。味噌も手作りか、大豆と米、塩だけで造られたものを選んでいます。

人工的なうまみを添加された調味料ではなく、昔ながらの原材料と製法で造られた物を選びたいです。


味覚で感じられることも大切。

シンプルに調理して食べることを心がけるようにしてから、よけいにシンプルな調味料がおいしく感じられるようになりました。きちんと、その味が自分の舌でわかるようにもなってきたと思います。

買うときの基準は、値段だけではなく、おいしくて、体にいい物がいいと思いませんか?

だから、私は原材料表がシンプルな物を買うようにしています。

そうそう、いきなり自宅の調味料すべてをシンプルな物に取り替えたわけではありませんよ。自宅に買い置きしてあったものを使いきってから、少しずつ、少しずつ〃体に優しいもの〃〃雑味のないもの〃に買い替えました。

調味料は最低限＋心に適う調味料

以前はドレッシングやお鍋の素、タレなどさまざまな市販の調味料を使っていました。食卓には必要だと思っていたんです。そのうち調味料が増えて、冷蔵庫の中がびっちりになって、「そうだ、久しぶりに見直そう！」と冷蔵庫の大掃除を始めると、出てくる出てくる、賞味期限切れの調味料たち……。結局は無駄に捨てていたものです。

あのころに比べると、調味料はびっくりするほど少なくなりました。普段使いするのは、塩、お醬油、そして手作りのしょうゆ麴と塩麴。中でも、しょうゆ麴と塩麴はいちばん使うことが多いかな。

先日お友達に「まだしょうゆ麹や塩麹を使っているの、あゆんこ(私のニックネーム)くらいじゃない?」なんて笑われました(笑)。

私、すっかり〝麹〟にほれこんで、何年も作り続けているんです。しょうゆ麹と塩麹はうまみがあって体によくて、万能なんですよね。私は料理に合わせて、塩を使うところに塩麹で、醤油を使うところはしょうゆ麹で調味しています。どちらもほどよい麹の甘みがあり、料理に使うとコクが生まれるんです。

せっかくの発酵調味料なので、火入れしないで生で食べるのもおすすめです。私は、納豆にしょうゆ麹を混ぜて食べるのがたまらなく大好きです。お刺身もしょうゆ麹をつけて食べると、おいしいんですよ〜!

炒め物やスープの仕上げにも、塩麹やしょうゆ麹を加えると、味にぐっと深みが増します。

〝丁寧に作られた調味料〟の大切さは、以前通っていたナチュラル系の料理教室でも教わりました。シンプルな料理にこそ、おいしい調味料は不可欠です。だからこそ主役（素材や料理）を引き立てる、名脇役な調味料を探してみてください。

中でも塩、醬油は大切な基本調味料。余計な物が入っていないピュアな物を選びたいですよね。

焼き物やサラダなどの味付けに使ったり、そのまま何かにかけて食べたりする塩は、「海の精」（＊1）や「カンホアの塩」（＊2）などを使っています。パスタやお漬物作りには、スーパーマーケットなどで大きな袋で売っている

「瀬戸のほんじお」を使用。必ず精製された食塩ではなく、ミネラルが豊富な天然塩・自然塩を選んでいます。

お醬油は、火入れしない料理のときには、「オーサワ有機生醬油」(オーサワジャパン)を使うようにしています。これでしょうゆ麹を作ると、発酵も進んでおいしいしょうゆ麹ができます。煮物など火入れする料理のときには、別のお醬油も使いますが、必ず、丸大豆と小麦、塩だけで造られているお醬油を選んでいます。

ほかに、常備している調味料は……。
料理酒は、米だけで造られているもの。
酢は、「オーガニックバルサミコ(白)」(ミトク)を使っています。

自然な甘みがあるので、おいしいんですよ。白バルサミコは、フルーティな香りがして、サラダや炒め物などいろいろな料理によく合います。気がつくと以前使っていた米酢をほとんど使わなくなりました。

私が作る料理は、素材の味を生かしたものが多いので、甘みはあまり使いません。そのためみりんは使わず、お砂糖も精製された白砂糖ではなく、ビート（砂糖大根・北海道の特産品）から作られる甜菜糖を使っています。

＊１「海の精」は、伊豆大島の海水を原料に作られた塩。自然食品店やスーパーマーケットで購入できます。
＊２「カンホアの塩」はベトナムのカンホアの海水から作られた塩で、料理家にも人気があり、私は「ナチュラルマート」（東京・広尾）で購入しています。

出汁さえあれば

できる限り旬の素材を使ってごはんを作っています。素材そのものの味を大切にしたいので、最近では周りの人にも驚かれるくらいシンプルな料理を作っています。

何しろ私の料理は塩麹かしょうゆ麹で味付けし、仕上げの調味も塩ぱらり、か、お醤油をたらり、がほとんどなので(笑)。

そんな私のシンプル料理を支えているのが出汁。

出汁を使った料理は、肉を食べることが禁止された仏教の教えの中から生まれたもの。肉に代わるうまみとして自然の中から日本人が見つけ出した、独自の食文化だそうです。

出汁さえきちんと取っていれば、余計な調味はいりません。

これ、本当！

私は、出汁をきちんと取るようになってから、自分の料理が大きく変わったと思っています。

余計な味付けをまったくしなくなったんです。

出汁そのものに味もうまみもあるから、ちょっと「物足りないかな？」というときだけ、塩や醬油、しょうゆ麹を足す程度です。

出汁は週に2回ほど取っています。

基本の出汁は花がつおと昆布を使って作ります。

すぐに出汁が取れるように、昆布とお水をピッチャーに入れて冷蔵庫に入れていますよ(この〝昆布水〟は、そのまま昆布出汁としても使えます。日本酒を合わせて、豚の塊肉を煮れば、おいしい煮豚ができあがります)。

昆布水の用意を忘れたときは鍋に昆布を入れ、ゆっくりと弱火にかけ、沸騰する前に昆布を取り出します。その後の工程は同じ。しっかり沸騰したところに、花がつおをたっぷりと入れ、2分ほど火にかけ止めます。そして、花がつおが沈んだら、網でこします。こすときにさらしを使うとなると、急に手間に感じると思うので、網やザルで十分だと思います。

多めに出汁を取ることも多く、残った分はピッチャーに入れて冷蔵庫で保存。2日ほどで使いきるようにします。

冷蔵庫にこの出汁があると、常備している北海道の小麦粉と合わせて、お好み焼きやたこ焼きもすぐに作れるんですよ。これは、冷たいお出汁があるからこそできるメニューです。

毎日飲むお味噌汁は、煮干しで出汁を取っています。時間に余裕のあるときには数時間前から、お鍋に頭と内臓を取った煮干しと、お水を入れておきますが、時間のないときは水から煮干しを入れて弱火にかけ、ゆっくりと時間をかけて煮出し、そのままお味噌汁を作りますよ。このときは、時間がないので、煮干しは〝入れたまま〟。お椀にお味噌汁をよそう際、煮干しが入らないように気をつけています。

何でもしょうゆ麹

しょうゆ麹は、米麹にお醤油を加えて発酵、熟成させて造る発酵調味料のこと。酵素がたっぷり含まれているので、腸内環境を整え、代謝や排泄をよくする働きもあり、体にとてもうれしい調味料です。私はいつも手作りしています。

造り方は簡単。しっかりとふたができる清潔な保存瓶の中に、米麹を200グラムくらい入れ、ひたひたになるまで醤油を注ぎ入れて混ぜます。計量はしません(笑)。目分量でOK。そのまま夏なら2週間以上、冬は3週間以上、常温で置いておくだけで完成。途中、とくに混ぜたりしません。

こうしてできたしょうゆ麹は、まろやかな甘みとうまみを持った万能の調味料になります。お醤油よりも角のない優しい味ですよ。

生の麹は買えるお店が少ないうえに、季節によって手に入りにくいこともありますよね。だから私は見かけたときには必ず買うようにしています。スーパーでよく見かける乾燥麹も使いますよ。北海道に帰省したときは地元の麹を買っています。


しょうゆ麹の使い方はとっても簡単！

レシピで、醤油と書いてあるところをしょうゆ麹に代えるだけ。炒め物や煮物に、ぴったりなんです。野菜炒めなら野菜やお肉を炒めて、仕上げにしょうゆ麹を全体に絡ませるだけ。それだけで十分おいしくて、塩もこしょうも使いません。

簡単でおいしい常備菜を紹介しますね。

切り干し大根のしょうゆ麹煮

切り干し大根をもどし、片手鍋などに入れ、もどし汁を使いながらひたひたにしたら、しょうゆ麹を入れ、やわらかくなるまで弱火で煮るだけ。しょうゆ麹だけで煮ているのですが、大根の甘みがきちんと引き立ち、おいしいんですよ。息子が大好きなので、時間のあるときにささっと作って冷蔵庫に入れておくことが多い料理です。

たけのことお揚げのしょうゆ麹あえ

春、たけのこの季節には必ず作る一品です。

ゆでてアク抜きしたたけのこを、食べやすい大きさに切ります。お揚げは大きなまま、網やグリルで焼き、カリッとしたらひと口大の短冊切りにして、先ほどのたけのこと一緒にしょうゆ麹であえるだけ。

どちらも冷めてもおいしいので、私はよく作り置きしています。ほかにも自家製和風ドレッシングの塩味としてや、ゆずこしょう、オリーブオイルと混ぜ合わせて、カルパッチョのソースを作るときにもしょうゆ麹は欠かせません。

世の中の麹ブームは去りつつありますが、私はこれからもずうっと使い続けたいです♪

茶色いお茶がホッとする

いちばんよく飲むお茶が、三年番茶。三年番茶はマクロビオティック（＊）では有名なお茶で、3年以上育てた茶葉や茎を長期熟成させたもの。

マクロビの考えでは、緑茶や紅茶はカフェインが多く体を冷やしますが、三年番茶はカフェインやタンニンが少なく、体を冷やさず緩やかに温めてくれる効果があるといいます。だから安心してたっぷりと飲めるし、うちでは子どもたちもこのお茶を飲んでいますよ。

朝、沸かしたものを保温ポットに入れて置いておき、だれもが好きなときに飲めるようにしています。私は仕事のときにもたいてい、持参。保温ボトルに三年番茶のティーバッグとお湯を入れて家を出るのですが、撮影現場に着くころには、ちょうど飲みごろになっているんです。メイク中や移動時に飲む三年番茶のホッとすること。体を温めるだけではなく、気持ちもリセットできる感じがします。それに、自分でお茶を持っていくと気兼ねなく飲めるのがうれしいですよね。

最近のお気に入りは、家にいるときに自分のために淹れて飲む豆乳チャイ。小鍋に水、紅茶、ジンジャーやカルダモンなどのスパイス、それにシナモンスティックを入れて煮出し、豆乳を加えます。甘さが欲しいときには、はちみつをプラスして。

体謝を活性化するスパイスがいっぱい入っているので、飲むとぽかぽか。おいしさももちろんですが、これを自分のために淹れる時間が、とてもぜいたくな気がして好きなのかもしれません。

緑茶やコーヒーは、飲みたいときに飲んでいます。

緑茶は、胃が疲れてしまうのでたくさんは飲めないのですが、食後、口の中をさっぱりさせるために飲むのは好きですよ。

コーヒーは、たまに撮影現場で飲んだり、外でお茶をするときに飲みたくなります。雰囲気でかな？「お茶をする＝コーヒーやラテを飲む」という気がして、お友達とカフェに入ったときなどは、コーヒーを飲むことが多いです。なんだか「お茶をしている気分」を味わえるんですよね。

体の冷えが気になるので、冷たい飲み物はできるだけ控えていますが、冷えたビールやシャンパンは、やめられない〜（笑）！　それだけに普段は、温かい飲み物を飲むようにしていますよ。そうでなければ常温の物にしています。

＊マクロビオティックとは、日本生まれの健康法。玄米、雑穀、全粒粉の製品、有機農産物や自然農法で育てられた野菜、穀物、豆類をメインに食べることで体の陰陽のバランスを取るという考え方。甘みに砂糖は使わず、米あめ、メイプルシロップ、甜菜糖などで代用する、コーヒーは体を冷やすので避けるなども特徴です。

酵素シロップとの出会い

息子を出産後、一時期、クリームたっぷりなケーキや焼き菓子が食べたくてたまらない時期がありました。一度食べると必ずまた食べたくなり、我慢できずに続けて食べてしまう……。習慣になってしまうのが〝甘い物〟の怖いところ。

その後、自然派の料理教室に通って、白砂糖の必要性を考えるようになりました。白砂糖って摂りすぎると体の冷えが進んだり、お肌の劣化にもつながることがあるのだそう。でも、決して〝白砂糖断ち〟をしているわけではありません。

撮影現場ではお菓子も食べるし、お友達と焼き菓子を楽しみます。お呼ばれしたホームパーティなどでケーキもいただきます。

ただ、そんなにたくさんは必要だと思わないので、普段はできるだけ白砂糖を控えています。不思議なことにそうやって控えていたら、「甘い物を食べたい！」って思わなくなってきたんですよ。

甘味《かんみ》としては、フルーツや酵素シロップを摂っているので、わりと満足できているのかもしれませんね。でもたまにケーキなどのこってり甘い物が食べたくなったら……？　もちろん、我慢せずに食べています。

でも、シンプルな食生活を続けるうちに、フルーツやドライフルーツ、酵素シロップ、甘酒、メイプルシロップなどの、自然の優しい甘さをおいしく感じるようになったのも事実です。

酵素シロップとの出会いは今から8年ほど前。ヘアメイクの吉岡美幸さんに教えてもらって、群馬県にある「ナカヤマ手作り酵素教室」に行ったときのこと。

偶然にも、整体に行って、自分の〝冷え〟がわかったのも同じ年ですから（冷えのお話は、詳しくは154ページ〜を）、私自身が自分の体や健康、食に、真剣に向き合い始めた時期だったのかもしれません。

酵素シロップは、旬のフルーツ、野菜、ハーブ、穀類、豆類、木の実などに対して、1.1倍の白砂糖を加えて作ります。つまりフルーツを1キロ使ったら、白砂糖は1.1キロ使うということです。

フルーツや野菜についている菌や空気中にある自然の菌、そして毎日素手で混ぜることにより、私たちだれもが持っている常在菌が加わり、フルーツや野菜の発酵が進んでいきます。そして発酵することで、白砂糖が発酵飲料に変わるんですね。

最初、白砂糖を使うことにも使う量にも、驚きと抵抗がありました。こうして手を加えることで、発酵飲料に変わることを知って、さらにびっくりしました。

大切なのは、腐敗させず、きちんと発酵に導くこと。白砂糖の分量が少ないと腐敗に進むことがあるので、必ず1.1倍という量は守ってください。気になるときは1.2倍ほど入れても大丈夫です。発酵に進むか、腐敗に進むかは紙一重。少しでもカビっぽいとか、嫌なにおいがするときは、捨てたほうがいいと思います。発酵は体にプラスに働きますが、腐敗はマイナスに作用します。そこだけはしっかり自分で見極めて飲んでくださいね。

酵素シロップを作るときの注意として、もうひとつ。大根やさつまいもなど、発酵するとにおいがきつくなり酵素作りに向かない野菜もあります。


こうして毎日自分の手で混ぜながら作った酵素シロップは、あたたかい時期で5日ほど、寒い時期では2週間ほどかけて発酵していきます（真夏は酵素作りを避けてください）。材料が上に浮き上がり、混ぜた後に軽く細かい泡が現れるようになるのが、できあがりの目安です。

できあがった酵素シロップは、水や炭酸水で割って飲みます。果物の甘みがしっかり凝縮されていて、おいしいんですよ！　以前は、普通に市販のジュースも飲んでいましたが、酵素ジュースを飲むようになってから、甘さはこれで満たされるようになっていきました。もちろん、子どもたちも飲んでいます。市販のジュースを買う機会が少なくなりました。

酵素シロップ以外でも、お砂糖が必要なときってありますよね。

パンを焼くときもそうですし、すき焼きや煮物、おせちなどお砂糖が味の決め手になる料理だってあります。そういうときは、白砂糖ではなく甜菜糖を使ったり、酵素シロップやメイプルシロップ、はちみつで代用します。

酵素シロップの作り方

毎年春～初夏にかけて作っている梅の酵素シロップをご紹介します。

〔材料〕

青梅 …… 800グラム

びわ、プラムを合わせて …… 200グラム

上白糖 …… 1キロと100グラム

〔作り方〕

❶フルーツはすべて水洗いしてから計量します。

❷梅は、3等分くらいに、びわとプラムは5等分くらいに切ります。

皮と種も使います。

❸②をよく洗浄または煮沸した瓶に入れ、砂糖を全体にまぶすように、手で軽く混ぜ合わせます。

❹1日1～2回、素手で全体をしっかり混ぜます。

❺5日ほどで、材料が上に浮き上がり、混ぜた後に軽く細かい泡が現れるようになったら完成。

❻ザルなどでこし、保存瓶に入れます。

＊梅の時期は、気温が高いので、5日ほどでできあがります。あまり長くおくと、アルコールっぽくなります。

玄米vs白米

「お母さん、今日のご飯、白い？」

いつも娘が、私がごはんの支度をしていると聞いてきます。娘は玄米があまり好きじゃないんです。


かつて私は「玄米＝体にいい」と無条件に思っていました。娘には離乳食の時から、玄米をお粥にしたものを与えていたんです。息子にも、2〜3歳のころから玄米を食べさせていました。

私は玄米が好きだし、少しでも体にいい物を家族にも……という思いから、よかれと思って与えていたのです。友達から「乳児に玄米なんか食べさせてかわいそうに」と言われたこともありましたが、「なんでかわいそうなんだろう、玄米は体にいいのに、変なこと言うなぁ」と思っていました。思えば、知識不足でした。変なのは私のほうでしたね。子どもたちにも悪いことしたな、って思っています。

乳幼児はまだかむことが苦手です。だから硬い玄米はきちんと消化されないんですよね。子どもの便に玄米が混ざっていても、それほど気にしていませんでした。今だったら離乳食の早い時期から、無理して玄米にはしていなかったと思います。当時はまだ、玄米はよくかまなくてはならないことや、ホールフード(まるごと食べる食べ物のこと。野菜やフルーツなら皮ごと食べること)なので、無農薬のものを選ぶことが大切だということも知りませんでした。

体にいいといわれている物をただ食べさえすればいい、のではなかったんですよね。

玄米の炊き方や食べ方も、今までいろいろと試してきました。最初のころは、玄米を水に長時間浸して発芽させてから炊いてみたり、炊飯器を使いながら、玄米とあずきを合わせて作る酵素玄米を数日かけて作ってみたり……。でも、玄米がパサつくことが多くて、上手にできませんでした。

数年前には、お店で食べるようなモッチリとした玄米ご飯が炊きたくて、玄米用に「ゼロ活力なべ」も買いました。このときは上手に炊けて、「おいしい〜」と、家族みんな、喜んで食べましたよ。

そして今。息子は喜んで玄米を食べますが、だんなさんと娘は、ある時期を境に、「玄米、あまり好きじゃない」と言うようになりました。きっかけは、毎年新米の時期に叔母がピカピカの白米を送ってくれるようになってから。白米が食卓に上った時の家族のテンションの高さといったら！

娘「うわ～！　真っ白～！」

息子「おいしいね～！」

だんなさん「これなら、おかずもいらないくらいだね」

全員「おかわり～！」

結局その日は1人3杯も食べました！　白米にこんなにはしゃぐなんて「いつの時代!?」(笑)。

確かにおいしいのはわかるけど……。

上等なおいしい白米を10キロ食べた後、いつもの玄米に戻ったキッチンで、始まりましたよ、あのセリフが。

「お母さん、今日のご飯、白い？」

わが家は無農薬の玄米を奈良県から取り寄せています。

「玄米、あまり好きじゃない」と言い出した娘とだんなさんのために、私も歩み寄ることにしました。

最初は、ぬか層を7割外す7分づきで精米してみることにしました。自宅に精米機がないので、近所の八百屋さんで精米をお願いしています。

「お米、白くしてもらおうね」と、言いながら、娘と玄米を持って出かけ、精米が終わるとお店の方が「お米、白くしたからね～」と、7分づきのお米を娘に渡してくれました。

娘は完全に白米だと思い込んでいます。だんなさんの様子を見ると、大丈夫そう。で、次の精米からは5分づき米にしてみました(笑)。


玄米か「白いお米」か、でずっと試行錯誤してきましたが、最近、私の中で変化が生まれてきました。それは、息子のサッカーのときにおにぎりを作ることが増え、ご飯をたくさん食べるようになったのを見て。何も玄米にこだわらなくてもいいかな、と思えるようようになったんです。

本当は玄米を食べたい気持ちはあります。でも大切な主食であるお米を、家族のだれかが嫌だなぁ~と思いながら日々食べるようなら、そこまでして玄米に固執したいとも思いません。

娘の年齢のこともあります。今年から1年生になりましたが、消化のことを考えて、玄米をよくかんで食べられてないうちは、無理をしなくてもいいのではと思い始めて……。だから、子どもたちの年齢を考えると、いつもは5分づき米がちょうどいいかもしれませんね。

それでもたまに玄米は食卓に出していますよ(笑)。でも、〝たまに〟くらいでちょうどいいと、今は思っています。

家族の言葉に耳を傾けながら、子どもの成長や様子を見ながら、これからもお米を選んでいきたいと思っています。どちらになるかは、まだまだわかりませんが……。家族みんなが、おいしく、喜んで食べてくれるご飯であることが、何よりも大切なことですものね。

今日も娘の「お母さん、お米、白い?」の声に、「白いよ〜」と答えながら、
5分づき米を炊いています。
玄米と白米のバトル、勝負は今のところ五分五分というところでしょうか。
まだまだ、続きそうです(笑)。

炊飯器、ないんです

炊飯器は、2年前、今のおうちに引っ越すときに「ありがとう」とわが家での役目を終えました。

とはいえ、前のおうちでも長いこと炊飯器はほとんど使ってなかったんですけどね。ずっとご飯は鋳物ほうろう鍋の「ル・クルーゼ」か土鍋、「シャトルシェフ」などで炊いています。

では、なぜ炊飯器を持っていたかというと、甘酒と酵素玄米を作るときに必要だったからです。酵素玄米は、発酵玄米ともいい、玄米とあずきを少量の塩を加えて圧力鍋で炊き、3日ほど保温した後で食べる玄米のこと。食べ続けることで便秘解消や風邪をひきにくい体質になるといわれています。詳しい作り方はネットにもたくさん載っていますよ。

それが甘酒はシャトルシェフや魔法瓶でも作れることを知ったことと、酵素玄米は、うまく作れずパサパサになりだんなさんから「勘弁してくれ！」と猛反対されたことが重なり、お蔵入り……（笑）。だったらもう、なくてもいいかな、と！


おひつをもらったことも、炊飯器を処分する大きなきっかけになりました。ずっと欲しかったのですが、とても高くて、何年もなかなか踏み切れず……。それが、いとこたちが引っ越し祝いにプレゼントしてくれたんです！

涙が出るほどうれしかった秋田の「栗久《くりきゅう》」のおひつ。さすが、日本の伝統ある逸品。使うたびに、「ありがとう」と思うほどの素晴らしさです。

おひつは、炊き上がったご飯を保存する道具のこと。炊きたてご飯の粗熱や水分を吸うので中の湿度が一定になり、ご飯がふっくらするんです。そのため、びっくりするくらいご飯がおいしくなるんですよ。

もともと残ったご飯は冷凍して保存していました。が、おひつで保存すると、冷めてもおいしい！　だから温め直す必要もありません。

しかも、傷みにくく、冬場なら丸2日ほど、夏場でも丸1日くらいは、大丈夫です。でも念のため、夏場、気になるときには、傷み防止のため、おひつの中に梅干しをひとつ入れたりもします。こうするだけで、食べ物の腐敗防止にもなります。私はこれを夏場のお弁当作りのときにもよくしています。

おひつを買ってからというもの、ご飯を冷凍することも、解凍することもなくなったので、電子レンジも壊れた際に「ありがとう」と処分しました。

おひつがきたら、炊飯器も電子レンジもなくなってしまいました。

おひつのお手入れは、水かぬるま湯でさっとタワシで洗い、すぐに水気を拭き取ります。使い始めて2年、黒ずみも出てきましたが、これからも大切に使い続けていきたいです。

お鍋で炊くご飯の作り方

❶研いだお米を鍋に入れ、1合につき1合分の水を加えて15分以上浸しておく。
❷鍋にふたをし、強火にかける。沸騰して噴きこぼれそうになったら弱火に。
❸弱火で11〜13分くらい、鍋からパチパチと小さな音がしてきたら火を止める。そのまま15分、蒸らして完成。

スムージーで始まる朝

早朝から撮影がある日以外は、朝は6時ごろに起床しています。まず白湯を飲み、その後、スムージーを飲みます。この順番が私の朝のローテーション。白湯で寝ている間に乾いてしまった体を潤し、温め、そしてスムージー＝ローの物を体に入れます。

ローフードの考え方によると、午前4時～正午は、人間にとって排泄の時間。何も食べずに消化器系を休ませる、もし口にするのであれば消化にあまり負担をかけないフルーツを摂るのがよいのだそうです。

だから私の朝は、スムージーですませることが多いんですね。朝ごはんは、本当に食べたいときだけ食べています。よく朝ごはんを食べないと力が出ないといわれていますが、朝からスムージーだけでも元気に撮影をこなしていますよ。10時ごろにはおなかがすいてしまいますが……(笑)。

私が作るスムージーは、季節の葉物野菜とフルーツをブレンドしたもの。葉物野菜が多いと、苦くて子どもたちが飲めませんが、フルーツを増やすとぐっと自然の甘みが加わって、小さい子でも飲める味になります。なので、フルーツと葉物野菜の割合は、お子さんやご家族の年齢や好みでバランスを取っていくといいと思います。

そして旬の物は、やはりおいしく、そして栄養価も抜群！ 春ならいちご、みかん、パセリ、あした葉、夏なら桃、ぶどう、モロヘイヤ、空芯菜。秋は梨、柿、チンゲン菜、水菜、冬はりんご、ビーツ、春菊、小松菜など♪

これらの素材を「バイタミックス」(アボカドの種も砕く、強い粉砕力を持った、ホールフードやローフードの食生活に欠かせないミキサーのような物）にかけて作ります。よく「私もスムージーを作ってみたいけれど、『バイタミックス』、高くて買えな～い！」と言われるのですが……、確かに高価。でも私も「バイタミックス」を買うまでは、普通のミキサーでスムージーを作っていました。大切なのは、朝、まずおなかの中に入れる物がローであることだと思うんですね。

家族はというと、スムージーは飲み物のひとつにすぎず、しっかりごはんも食べています。おにぎりとお味噌汁にお漬物、あるいは自家製パンをトーストして、無糖のオーガニックピーナッツバターをつける、というのが定番の朝ごはんでしょうか。

休日には、朝からワッフルを焼いたりと、もう少ししっかり作ります。

私自身の理想は、朝はできるだけ軽く……なんですが、現実は、家族と一緒にスムージーの後にごはんを食べたり、早朝からの撮影現場で、おにぎり、唐揚げ、コロッケなどをたっぷり食べることが多いかな。

本当、私は食いしん坊……。もう少し小食になりたい……。

ローフードを勉強してからは、とくに朝、口にするものを気をつけるようになりました。スムージーを飲むと、胃腸が動き出して、おなかがどんどんすいてくるんです。小食がいいのはわかっているつもりですが、食いしん坊なので、ついつい食べてしまうんですよね。

でも、気をつけていきたいと思っています。

パンは手作り

息子を妊娠中に、天然酵母のパン教室に通い始めました。産後も月に1回通って、合計4〜5年通ったと思います。それからは、家で家族が食べるパンは私が焼いています。

私が作るパンはとてもシンプル。

材料は、小麦粉、水、自然塩、甜菜糖と天然酵母。小麦粉は生まれ故郷・北海道産を使用。自分の地元のものって愛着がありますよね！　小麦粉に限らず、〃北海道産〃と見かけるとなんだか安心して、つい手に取ってしまうんです。

天然酵母はホシノ天然酵母を使っていますが、最近は季節のフルーツで作った自家製酵母も使っています。だれでも簡単に作れるんですよ。

たとえばりんごの酵母。しっかりとふたが閉まる清潔な瓶の中に、皮と種もついたまま8等分に切ったりんごとお水を大体1対1の割合で入れてふたをします。私はお水だけで酵母をおこすことが多いんですが、お砂糖かはちみつを少し入れると発酵しやすくなります。1日1～2回軽く振り、ふたを開けます。日がたつにつれ少しずつ変わり、ふたを開けるとプシュッ！と音がして発酵したいいにおいになってきますよ。1週間くらいでできあがりです。これをパンに入れて焼きます。

この酵母液、そのまま飲んでもおいしい！　りんごで作るとアップルタイザーみたいなんですよ。生きた酵母がたっぷりで体に悪いわけがありません。だから、最近ではこの酵母液も飲んでいます。

りんごのほか、ゆずやいちご、ぶどうなど、旬のフルーツで酵母は作れます。残念だったのが、柿！　発酵した柿のにおいがきつくて、子ども達には不評でした（涙）。

また、においを確認し、少しでも変だったら腐敗です。すぐに処分してください。うまく発酵させることが、自家製酵母の成功です。

手作りとはいえ、パンの食べすぎには気をつけています。

水分を含んだ小麦粉がついたボウルなどを洗うとき、ベタッとくっついてなかなか洗い流せませんよね？　私は洗い物をしているときにふと、同じことが体内でも起きているのかしら？と考えてしまって……。それで、あまり小麦粉は食べさせたくないな、と。でも子どもたちは私の焼くパンが大好き！だから、パン断ちさせることはありませんが、パンが毎日続かないように気をつけています。いつかは米粉で焼くパンに挑戦したいと思っています。

パンは自分で焼く

天然酵母のパン教室に通ってからパンは自分で焼くようになりました。今使っている酵母はホシノ天然酵母。ほんのり甘みがあって香りもいいんですよ。手作りでパンを焼くと言うと驚かれることも多いけれど、慣れると実は買いに行くより手軽です。最近は娘が成形を手伝うようになりました。

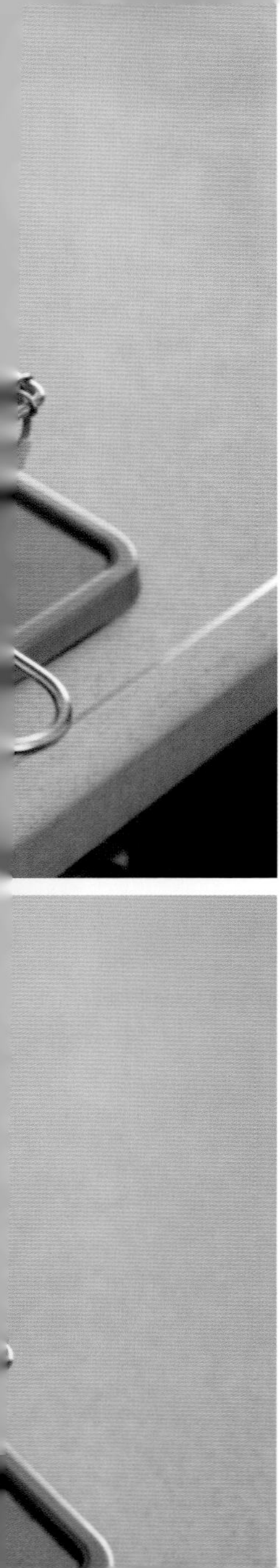

焼き網とパン

手作りパンは多めに焼いて冷凍庫へ。食べるときは「金網つじ」の焼き網でトーストにしていただきます。表面カリッ、中はもっちり、でおいしい。

出汁が味覚の素

出汁をきちんと取って料理に使っています。出汁がおいしいとそれだけでうまみが広がるので、調味料を使うことが減りました。煮物などには昆布と花がつおの出汁を、お味噌汁には煮干しの出汁を使っています。

昆布がぐらぐら揺れないよう、ごく弱火で煮ます。

沸騰する直前に鍋から昆布を取り出します。

強火にし、お湯がぐらぐら煮立ったら、花がつおをひとつかみ鍋に入れてそのまま2分。

開封した花がつおはいつも冷凍庫の中で保存。

花がつおが沈んだら、鍋からすくい取ります。

お気に入り

自然を感じられるような木工作家・須田二郎さんの木の器が大好きです。少しずつ集めてきました。木の器はお料理が映え、そして軽く、落としても割れにくいので、小さいお子さんがいる家庭にもおすすめ。私はキャンプにも持っていきますよ。須田さんの器は、代官山にある、ギャラリー「無垢里」で取り扱いがあります。

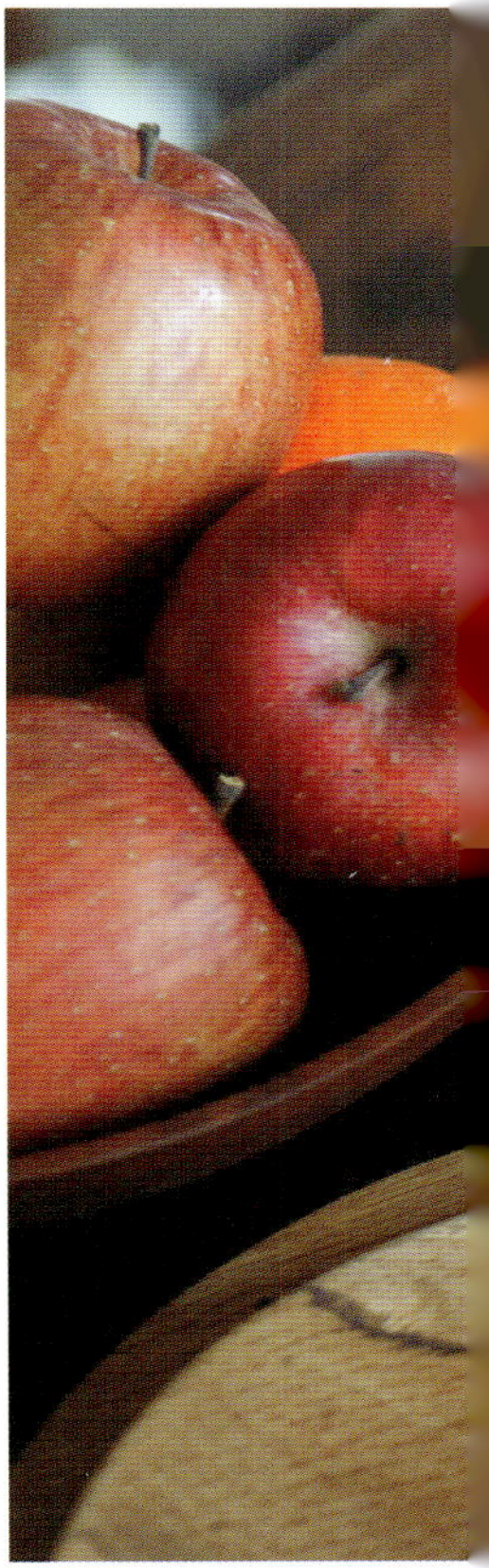

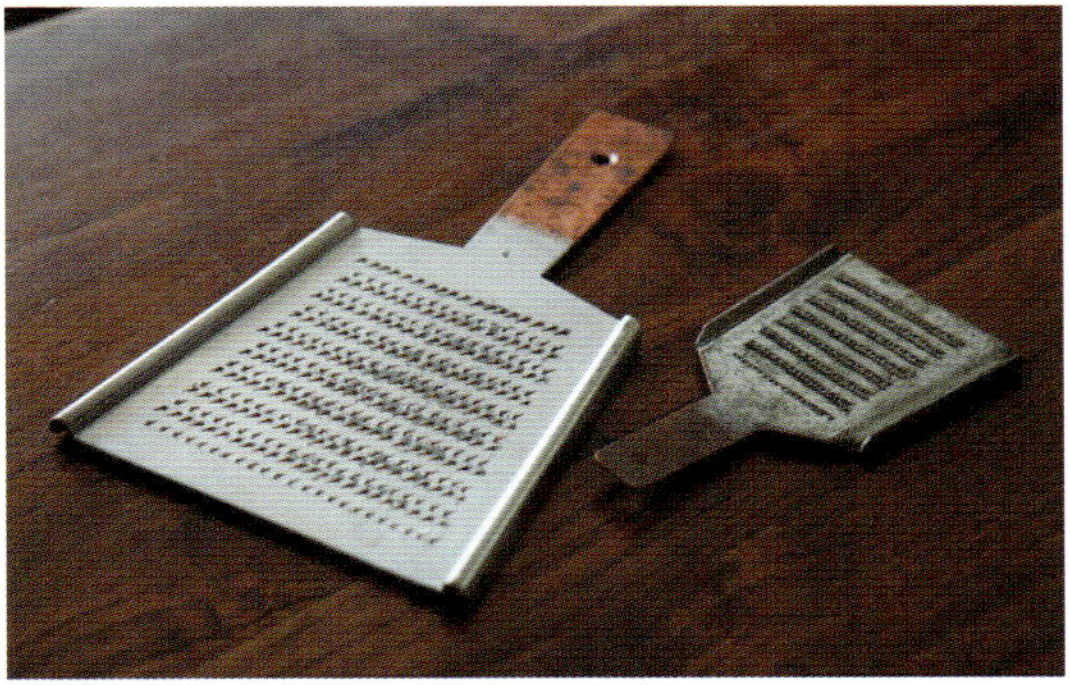

（上）銅の名入りおろし金はお義母さんから誕生日にいただいたもの。右が「有次」、左が「木屋」。（下）いただきものの土鍋は、この浅さがとても使いやすくて。炊き込みご飯を炊いたり、炒めものにも使えて重宝しています。

細かいことが大好きで、
もうね、ずっとやってるの！

私、キッチンの細かいことが大好きで、時間さえあればずーっと台所にいて包丁を研いだり、出汁を取って常備菜を仕込んだり、お漬物つけたり、なんだかんだ動いています。時折目の前のリビングから聞こえてくる子どもたちの会話に割り込んだり、脈絡なく突然子どもたちに話しかけたり……。そういう何気ない時間っていいですよね。

うちの発酵食品たち

暮らしに欠かせない発酵食品は、酵素とKOMBUCHA（コンブチャ）。発酵って本当におもしろい。日々、見た目も味も、香りも変わっていって。生きてるんだなぁと感じます。酵素シロップは季節ごとに仕込んでいます。ぶどうやビーツの酵素は色もきれい。夏はさわやかな味にしたくてレモンを入れたり、冬などは、風邪予防のため、しょうがを入れて作ったりも。コンブチャは、大きな瓶で仕込み、使う分は手に持ちやすい大きさのものに入れています。発酵が進むと、酸味が強くなってくるコンブチャ。お酢代わりに使えますから、今は酢飯もコンブチャで作っていますよ。

酵素シロップ

KOMBUCHA

自家製入浴剤

酵素シロップを作って出た「カス」をガーゼ袋に入れて入浴剤代わりに使っています。「カス」とはいえ、元はフルーツや野菜たち。捨てるなんてもったいない。最後まで使いきります。

歯磨き粉

歯磨き粉もなるべく泡立ちの少ないものを愛用。どちらも「iHerb.com」で購入。

洗剤

「松の力」は、いつも大容量パックを。アクリルたわしは、撮影の待ち時間を使って編んでいます。

（上）左からシルク、綿、シルク、綿の順で４枚はく、冷えとり靴下。（下）肌に直接触れるものも、なるべくシルクに。腹巻とレギンス。「シルクふぁみりぃ」のレギンスは心地よくて、パジャマとしても着用中。

カバーに写っているオレンジ色の瓶詰。実はこれ、大好きなフルーツをたっぷり入れて作るローフードのドレッシングなんですよ。生野菜にかけて食べると思わず「あ～幸せ♪」

フルーツドレッシングのレシピ。
〔材料〕作りやすい分量
りんご、デコポンまたはみかん……各1個
にんじん……1本
オリーブ油……大さじ3
白バルサミコ……大さじ2
〔作り方〕
❶りんご、にんじんはざく切りにし、柑橘類は皮をむき、ほぐす。
❷①と残りの材料をフードプロセッサーに入れ、どろっとするまで攪拌する。
（密閉容器に入れ冷蔵庫で数日保存可能）

うちのおやつ

子どもがある程度の年齢になると、お母さんたちが悩む、お菓子問題。小さいころから与え続けてしまうとクセになると思い、私は家にお菓子を常備しないようにしてきました。だからうちの子どもたちは、お菓子がないのは当たり前になっています。

子どもたちは、帰ってくると第一声が、いつも「ただいま～！　お母さん、何かない？」(笑)。おなかをすかせて、帰ってくるんですね。

もちろん私の返事は「フルーツ食べる？」

フルーツはいつでも食べられるよう用意してあるんです。とくに息子はフ

ルーツ大好き！　フルーツがないと、
「水分の多い、ジュワ〜ッとしたやつをちょうだいよ！」
それはフルーツのことだよね（笑）？　そんなこんなで、おやつタイムにも、フルーツが欠かせません。

子どもたちお気に入りのおやつといえば、冷凍フルーツのアイスクリーム。フルーツは冷凍もしています。こうしておけば、子どもたちが大好きなフルーツのアイスも作れるし、いつでもスムージーに使えるので何かと便利なんですよ。

フルーツのアイスクリームの作り方はいたって簡単。凍らせた果物を、フードプロセッサーに、なめらかになるまでかけるだけです。乳製品を加えないから、アイスというよりジェラートに近いかもしれません。

バナナとパイナップル、バナナと桃、バナナといちごなどなど……何にでもバナナを合わせるのは、口当たりがよくなり、凍らせてもきちんと甘さの効いたものができるからなんですよ♪


フルーツ以外だとおにぎりやチヂミ。焼きいも、蒸しいも。自家製パンをおやつに出すことが多いです。

合わせる飲み物は、お水か酵素ジュース。

こんな感じかしら。

おやつはあくまでも補食。夕飯までの空腹を補うものなので、お菓子とジュースばかりで代用しないように心がけています。もちろん食事と同じようにストイックにならず、たまにはお菓子を買うことも。お友達のうちに遊びに行ったときや、お友達がお菓子を持ってきてくれたときなども、喜んで食べますよ。

息子が小学校入学を控え、放課後お世話になる学童に申し込んだときのこと。学童にはおやつタイムがあり、それまではたまにしか食べていなかったお菓子が毎日のように出ると知り、最初はびっくりしました。抵抗もありました。でも、冷静になって、息子が育つ中で通る道なのだと思い直し、学童に通わせる以上、当たり前のこととして受け入れました。

娘も、習い事のバレエで、いつの間にか終わった後にお友達とお菓子交換をするようになっていました。最初のころはもらうばかりになってしまい、交換できなかった娘。とうとうある時、「どうして、いつもお菓子持ってこないの⁉」とお友達に言われてしまいました。

「だって、お菓子がうちになかったんだもん」

ああ、そうだったのかと思いました。実はその日の朝、娘が「お菓子ない？」と私に聞いてきたからです。てっきり自分が食べたいのだと思っていましたが、お友達と交換したかったのですね。

次のレッスンでは、小さなラムネ菓子を持たせましたよ。するとうれしそうに「今日、お菓子持ってきたよ‼」と言いながら、一粒ずつお友達に渡していて、なんだか笑ってしまいました。

子どもたちもそれぞれ、周りとつながる環境が増えてきて、お菓子を食べる場面も増えてきました。おやつを通して外での世界に順応していくのも大切だと思っています。

私自身も小腹がへったときや、山登りやキャンプのときは市販のお菓子を持っていきます。おせんべいや、ナッツ、ドライフルーツを買うことが多いかな。それ以外にも、いもけんぴやポン菓子、小魚アーモンドにいわしせんべい、干しいもなどは、子どもたちも好きで一緒に食べています。

え？　おばあちゃんみたい!?　確かにそうかもしれません（笑）。刺激的な味よりも、食べていてほっとするような、昔ながらのお菓子を気がついたら選んでいますね。

乾物と雑穀

乾物と雑穀、どちらも長期保存が利いて、そしてとても体にいい食材。私は両方とも日々の食生活に取り入れています。

まず乾物。保存が利き栄養価も高く、うまみが凝縮されているのがいいところ。出汁に使え、そのままさっと常備菜を作れるのも助かります。

わが家に常備している乾物は、昆布、かつお節、干ししいたけ、それに切り干し大根、お麩、ひじき、高野豆腐。

昆布と花がつおは出汁を取るのに欠かせないのはもちろん、昆布はおでんや湯豆腐、昆布巻きを作るときにも使います。

かつお節は、だし用の花がつおとかつお節削り節の2種類を用意。かつお節削り節は、おかかおむすびを作るときに欠かせません。

ひじきの煮物もよく作るので、ひじきもないと困るし、お麩は車麩を買っておき、麩チャンプルーにしたり、おでんに入れたりしています。「おでんにお麩!?」と思うかもしれませんが、しっかりとおでんの汁を吸い込んだお麩のおいしいことといったら♪　ぜひ試してみてくださいね。

高野豆腐は、出汁が余ったとき、その出汁に入れてさっと煮物にしておくと便利。出汁が高野豆腐にしっかり染み込み、冷めてもおいしく、子どもたちの好きな一品なんです。

干ししいたけは、昆布と一緒にもどして筑前煮に。切り干し大根やひじきと一緒に煮てもおいしいですよ。炊き込みご飯やちらし寿司のときにも使います。

最も干ししいたけの力を感じるのが、ピェンロー鍋のとき。ピェンロー鍋というのは、干ししいたけで取った出汁（私は昆布も入れます）で、豚肉と白菜と春雨を煮て、ごま油と塩で食べる白菜が主役のお鍋のこと。

白菜がおいしい季節にしか作らないのですが、干ししいたけがないと作れません。あまりのおいしさに、わが家はこのお鍋を作ると家族4人で白菜1個がなくなるほど！

そして雑穀。生命力が強く、過酷な環境でも育ち、高い栄養価を持つため、パワーフードともいわれています。息子を出産したころから、雑穀が気になり、以来、自分なりにアマランサスや、黒米、赤米、はと麦、キヌアなどを取り入れてきました。

タカキビはゆでて、ふかしたじゃがいもに混ぜてコロッケにしたり、お肉代わりにハンバーグにしたり、餃子のあんにも使っています。この「タカキビコロッケ」、お友達の家に呼ばれたときなどに作っていくと、何だかわからない食感ながらもおいしくて、すごく評判のいいメニューです。タカキビの餃子も、もちもちしておいしいんですよ。

アマランサスとはと麦は、ご飯に入れて炊くか、最近は甘酒を作るときに一緒に入れています。

キヌアは炊いて、きゅうりやパプリカを細かく切ったものと混ぜ合わせたマリネサラダにします。これもお友達に好評なメニューです。

発酵食バンザイ！

今、テレビや雑誌、インターネットなどでも注目されている腸内環境。食べた物は栄養素として小腸から吸収されるのですが、腸内が汚れていると、その〝汚れ〟も一緒に体内に吸収されてしまい、病気の原因や老化を早める原因になってしまうといわれています。

だから、きちんと食べ物の栄養を摂るためには、腸内環境を整えることが大切。私も、腸をきれいにしておくことを、常に意識しながら食べるようにしていますよ。

実際、発酵食品をたくさん取り入れるようになってから、腸が劇的に変わりました。発酵食品をあまり意識して食べていなかった20代のころは、便秘に悩まされていた〝屁こき虫〟でした。

それが今では、健康的な便が出るようになり、おならも減りました。食べ物で変わるんだなぁ〜と実感しています。

私が日々取り入れている発酵食品は、手作り味噌、自家製酵素シロップ、自家製酵母、甘酒、KOMBUCHA、塩麹、しょうゆ麹、ぬか漬け、納豆。

「KOMBUCHA《コンブチャ》」、いったい何だと思いますか？

コンブチャとは、昔懐かしい〝紅茶きのこ〟のこと。私たちのお母さん世代にはやりましたよね。それが数年前からアメリカなどではやり始めているんですよ。

コンブチャはもともとモンゴル発祥で、ロシアでは伝統的に飲まれてきた発酵飲料です。砂糖を加えた紅茶に、ゲル状の菌を加えて発酵させて作ります。この菌の見た目がきのこに似ていることから、日本では「紅茶きのこ」と呼ばれるようになりました。海外ではなぜか〝コンブチャ〟(笑)。紅茶の中に浮いている菌の姿が昆布に似ていることから、こう名付けられたのだとか……。

コンブチャは、この菌さえ手に入れば、あとは自宅で増殖させることができます。私はコンブチャ教室で株分けしてもらいました。

使い方はというと、この菌を食べるのではなく、菌が浸かった紅茶を飲みます。ストレートでも飲めますが、発酵が進み、酸味が強くなってきたら、水で2～3倍に薄めて飲むといいでしょう。

私は調味料としても使っています。

発酵が進んで酸味が出てきたコンブチャを、最近ではお酢の代わりに使うようになりました。なぜって健康に役立つ物の宝庫だから！　酵素に乳酸菌、アミノ酸が含まれていて、消化機能にも働きかけるので便秘改善につながったり、デトックス効果もあるんですよ。

コンブチャにはツンと酸味を感じるにおいがあるのですが、これもフルーツや野菜と合わせてしまうと、あまり気になりません。だからそのまま飲むのが苦手、という方はぜひ料理に使ってみてくださいね！

＊コンブチャを使ったオリジナルレシピは7ページ、10ページ

ＡＹＵＭＩ流食育

うちの子どもたちは、フルーツも野菜も大好きです。

そのせいか、お友達のお母さんに、

「うちの子、生野菜が嫌いなのよ。ＡＹＵＭＩさん、どうしたら食べてくれるかしら？」

と、聞かれることがあるのですが、私の作戦はただひとつ。

当たり前のようにフルーツと野菜を食卓に出すこと。これに限ると思います（笑）。食べなくてもいいんです。食卓にフルーツと野菜があることを〝当たり前〟にしてしまうんです。すごく根気が必要ですし、子どもが食べないと出さなくなりがちですが、そこをグッと我慢して少しずつでも出し続けました。

まずはなるべく食べやすい物から。子どもたちが好きなきゅうりの漬物は、よく出していました。サラダにはフルーツをのせたり、お肉のときには、葉物野菜で巻いて食べるようにしたり。食べやすいように工夫をしながら、子どもたちの〝好き〟を少しずつ増やしていきました。

食べないときは、無理に食べさせなくても、次の日はたっぷり食べることもあるので数日間の中でバランスを取れればいいと、ゆったり構えています。

最近では、ただ出すのではなく、「フルーツや野菜の消化は早いから、最初に食べてね。その後にほかの物を食べるようにしてね。そうすると、体が喜んで、元気になるんだよ」って、声かけや説明をするようにしています。知らないで食べるより知って食べるほうが、より栄養が身につく気がして。

でも、ときどき娘や息子にうんざりした顔で言われますよ。

「お母さん、また、スムージー？　こんなに飲めないよ〜」

当たり前のように飲んでいても、たまには飲みたくないこともあるようで（笑）。できるだけ食に気を配って育ててきたつもりでも、子どもたちの好みや個性はそれぞれ。こちらの思うようにはなりません。

息子は、やんちゃながらも食生活はとってもナチュラリスト。外食時にはコーラを好んで飲んでいた時期もありましたが、フルーツが何よりも大好物で、玄米も好き。お刺身もまぐろより、いか刺しをしょうがじょうゆで食べるあっさり派。ハムやソーセージなど、食肉加工品は、キャンプのときに少しだけ食べるくらいです。

一方の娘は、ハムやお肉が大好き。玄米を嫌がり白いご飯が好き（うちでは5分づき米を白米だと思って普通に食べていますが)。お刺身はまぐろ、すき焼きは、ポン酢&大根おろし派の私と息子を横目に、だんなさんと同じ生卵派……。同じ食環境で育ててきても、好みって分かれるんですよね。とても面白いと思います。

だから、子どもの好みや個性も取り入れながら、毎日の食卓を考えるようにしています。

大人になった時「そういえばお母さん、〝フルーツはごはんの前に食べなさい。元気になるわよ〟って言ってたな」とか「発酵食品は、大事な腸をきれいにしてくれるから、体中がキレイになって病気になりにくくなるんだよって言っていたなぁ」と思い出してくれるといいなと思って、日々、諦めずにフルーツと野菜を出し続けています。

だんなさんのおかげ

ときどき、お仕事で2~3日家を空けることがあります。

でも、帰ってきてみると、だんなさん=お父さんがお料理をした形跡がないことも……。外に食べに行っているんですよね。子どもたちに聞いてみると、焼き鳥屋さんやピザ屋さんに行って、食事をすませていたようです。ついでに盛り上がってカラオケにも行っているみたい(笑)。

とってもうれしそうに報告してくれるので、嫌と思うどころか、みんなで楽しく過ごしていたんだなぁと、ほっとしています。

だんなさんと子どもたちがスーパーマーケットに行くと、アイスクリームやお菓子を買ってきたりもしますし、私が普段、与えすぎないように気をつけているパスタやコーンフレークもけっこう食べています。でも、ごはんをほとんど作れないだんなさんにとっては、そうした食事の選択は当たり前のことだと思うし、できる範囲で協力してくれていることに「ありがとう」と心から感謝しています。そして子どもたちも、たまにの、そんなごはんが、とてもうれしいみたい。

そんな日もある現実なので、私が作れる日には余計に、体にいいごはんを家族に届けたいんです。

こうしたお父さんとお母さんの食の意識差って、どこの家にもありますよね。私も、「食事に気を使っているんだから、お父さんもちょっとは考えてよ〜！」と思うこともありますが、「ま、たまにはいいよね」と思うようにしています。子どもたちも、あまりにあれダメ！　これダメ！では息が詰まってしまいますものね。だからこうして時々、だんなさんが外食に連れ出したり、アイスクリームを買ったりするくらいで、ちょうどいいんだと思います。

私がストイックになりすぎないのも、だんなさんのおかげ。

このバランスってとても大事です。だんなさんの食に関する感覚は、ごくごく普通なので、それがわが家のバランスを保ってくれていると思うんです。

「お母さん、野菜ばっかり出すよね～」

「もっとハンバーグとかカレーとか〝普通の子どもが好きそうなごはん〟作ったほうがいいんじゃない？」

「今日は焼き肉、行こうよ！」

「米は白米がサイコー！」

ちゃんと日々のごはんに魚介やお肉を出してヘルシーになりすぎないように心がけているし、時々は、彼の大好きなすき焼きを作ったりしていても、こういうことも言うんですよ～（笑）。「え～！　そんなこと言わないで～。もう少しこの食事のよさもわかってよ」と思うのですが（笑）、ふとした瞬間に振り返ってみると、だんなさんのその普通の感覚のおかげで、行きすぎずにナチュラルな食生活を送れていることに気づきます。

もしもだんなさんの食に関する感覚が私と同じだったら……。玄米菜食、オーガニック、ローフードづくし……とことんストイックな食卓になっていたかもしれませんね。

3章

暮らしの素

勘違いだった〝汗っかき〟

夏になると、いつも顔から汗をかいていました。

ファッション誌は、夏に秋冬の服を、冬に春夏の服を撮影します。そのため、どんなに真夏の太陽が照りつけていても、モデルはそれを感じさせないよう、さわやかな笑顔で厚手のコートを着こなさなければなりません。

ところが私ったら、コートを羽織った途端に顔から汗をかいてしまうんです～！　せっかくメイクさんがきれいにお化粧をしてくれたのに、汗でファンデーションが落ちてしまう始末……。

仕方ないと思っていました。なぜって私、北海道育ちなんですもの！　冬の寒さには強くても東京の暑さには耐性ができていなくて。北海道民は東京の人より汗が出始める温度が低いのだと思っていました。だからいつも撮影で顔が汗だくになるたびに、「今ごろ汗かいてるかな？」と、同じ北海道出身のモデルの友達の様子を周りの人に聞いていたものです。最近知ったのですが、その子も「あゆんこも汗かいてる？」と聞いていたそうです。ふふふ、北海道民は同じことを考えているんですね。

そんな私を見て撮影スタッフは笑うどころか、「代謝がいいね～！　うらやましいよ」などと言います。自分でも代謝がいいと思い込んでいました。〝汗をかく＝代謝がいい＝健康的〟だと思っていたんですね。

9年ほど前、友人に腕のいい整体師さんの話を聞きました。

私はこれといって体調が悪いところもないし、気になることもないのでそのままにしておいたのですが、1年後、何となく診てもらいたくて訪ねてみました。

私を触診し終えた先生が言いました。

「内臓がとっても冷えていますよ」

「えっ!? 私、代謝がよすぎて暑がりなんですよ。顔に汗もすごくかきますし……」

「いえいえ、足や下半身、内臓がとても冷えています。顔から汗をかき始めるのは、相当〝冷えて〟いるからですよ」

ショック!

自分は代謝がいいと思っていたし、それなりに健康には気をつけていたつもりなのに……。

暑がりだったから、あえて体を冷やすようにしていました。夏など冷房の中に逃げられたときは、ここぞとばかりに冷たいドリンクを飲んで体を内と外からキンキンに冷やしていました。

整体師さんに言われて、おへそのあたりを触ってみると、シン！と冷たい。内臓が冷えている証拠だそうです。

皆さんも、確かめてみてください。

整体の先生、教えてくれてありがとう。先生に出会わなければ、ずっと暑がりだと勘違いしたまま、〝冷え〟を進行させていたところでした。

目指すは未病

母が亡くなって、もうすぐ17年になりますが、先日の母の誕生日にふと、もし生きていたら何歳の誕生日だったんだろう？と思い、数えてみると今年68歳……、生きていたら68歳。まだまだ若いですよね。元気でいてくれたら、どんな感じだったかなぁ～と、母の面影で想像してみました。

母方の祖父母は、私が小学生の間に他界しました。同世代の友達が「うちのおばあちゃんは～」「うちのおじいちゃんがね～」と言うのを聞いたりすると、すご～い！　おじいちゃん、おばあちゃん、お元気なの～!?とびっくりし、なんだかうらやましくもなります。

そんなこともあって、いつまでも元気でいられることは、私にとって〝当たり前のこと〟ではないんです。だからかな、私が食事に気をつけるのは。たぶん〝病気にならない体〟をつくりたいからなのでしょうね。

大切なのは、病気にならないこと。

普段の暮らしの中で、〝未病〟を意識するようになりました。自分だけではなく、家族みんなの〝未病〟を目指しています。そして自分の代だけではなく、子孫につながるような子育てが残せたら……。もちろん強制ではなくて。母に育てられたように、母の面影に影響されながら、今、子どもたちと向き合っているので、この思いが子どもたちに伝わり、孫たちにも続いてくれたらうれしいなと思います。

未病で大切なのは、「食べること」「体を動かすこと」「体温を上げること」の3つ。しっかりと食べてエネルギーを蓄え、運動をすれば血流がよくなり代謝も上がり、体は温まります。でも体温が低いと、代謝も血流も悪くなり、病気になりやすくなります。〝冷えは万病のもと〟と昔からいわれているのも、そのせい。

私自身まだまだ冷えていますが、20代のころの平熱は35度台が普通。今は、生理周期などによって違いますが、だいたい36度5分くらいでしょうか。体温を上げるには、何かひとつをやればいいということではなく、食事も運動も、バランスよく心がけないと、なかなか改善されません。どれもできる範囲で取り入れるようにしています。

食事は前の章でもお話ししたように、ローフードの食事を中心にバランスよく食べています。ローフードの割合を増やすことで代謝が上がり、体温アップにつながるんですよ。

運動はヨガを8年続けています。40代を迎えて、運動量をもう少し増やしていきたいと思っているところ。家族で登山を始めたのに続いて、最近はボルダリングにも挑戦。家族みんなで体を動かせるスポーツはどんどん取り入れていきたいと思っています。

すぐに効果が出なかったり、劇的に変わらないことも多いんですが、体のため、自分が心地よいことを続けていきたいと思っています。

私のゆる冷え取り

8年ほど前、整体の先生に「内臓が冷えている」と指摘されてから、生活に〝冷え取り健康法〟を取り入れるようになりました。

注意したいのが、冷え取り健康法の〝冷え〟は、〝冷え性〟とは意味が違うということ。上半身がほてり、下半身が冷えている状態から生まれる上半身と下半身の温度差を、〝冷え〟と言います。

「頭寒足熱」という言葉にもあるように、昔から東洋医学では頭は冷やし足は温めるのが健康にいいとされてきました。内臓のツボが集まっている足元を温めると内臓の動きがよくなり、体にたまった毒素を出せると考えられているんですね。

冷え取り健康法の基本は、①半身浴　②靴下の重ねばき　③レギンスをはく　④湯たんぽを使う　⑤食べすぎないこと、の5つ。

私はまず、靴下の重ねばきから始めてみました。必要な重ねばき用の靴下は、シルク肌着専門店「シルクふぁみりぃ」や、子どもの物やオーガニック製品を扱う「クレヨンハウス」、自然食品店「ナチュラルハウス」などで買いましたよ。

シルクの5本指ソックスをはき、その上に綿の5本指靴下を重ねます。さらにシルクの靴下を重ね、いちばん上に、綿かウールの靴下をはきます。最低でも4枚重ねばきします。シルクと綿を交互にはくことで、保温しながら排毒を促すのだそう。

私は最初から4足も重ねてはけず、5本指のシルクソックスの上に普通の靴下を重ねた2足ばきから始め、徐々に枚数を増やしていきました。

たくさんの靴下に穴があく経験もしました。

冷え取り靴下は血流を促すために大きめなゆったりサイズが基本。にもかかわらず穴があくなんて不思議ですよね。この穴は、毒素が出て行った証拠なのだそうです。

とくに始めたころは、本当によく穴があきました。

この経験で冷え取りの効果を実感した私は、肌着や下着もシルクの冷え取り用を選ぶようになりました。

撮影現場に行くときは、衣裳にひびかないように普通の肌着ですが、撮影日以外はできるだけシルクの肌着や下着を身に着けるようにしています。

靴下の重ねばきに慣れてきたら、足だけでなく、下半身全体を温めることも意識するようになりました。だから腹巻きも、真夏以外はほぼ使っていますよ。ズボンの下にシルクのスパッツをはいたり、レッグウォーマーを着けたり。冬は湯たんぽを使っておなかを温めています。

お風呂でもしっかりと下半身を温めるようになりました。理想は38〜39度のお湯に30分以上浸かる半身浴。子どもたちと一緒に入っているので、あくまでも理想。それでも、少しでも長く下半身を温めたくて、湯船に浸かりながらの歯磨きが習慣になりました(笑)。子どもたちにも「肩まで浸からなくていいから、足だけは湯船に入れておいてね」といつも言っています。

お風呂から出たら、最初に靴下からはきます。これも冷え取り健康法のひとつなんですよ。シルクの5本指ソックス、綿の5本指ソックス、またシルクのソックス、その上に綿やウールのソックスと、全部で4枚。寝るときもこのままです。

さらにレッグウォーマーを着ける日もあれば、反対に靴下を2枚しかはかない日も。お仕事やお出かけの日、スッキリと見せたいコーディネートのときは、普通のソックス1枚だったり、素足だったり。

それでいいと思っています。

〝できる時に、できる範囲で〟ですので。

下半身を温めるのって、すごく気持ちいいですよね。健康のためだけではなく、気持ちいいから続けられているんだろうなぁ。下半身が温かいときの温度や心地よさを体が覚えたんだと思います。同時に自分の冷えがしっかりわかるようになりましたよ。

自分の体ときちんと向き合えるようになってきました。

「冷えは万病のもと」と昔からいわれているように、私のこの緩～い冷え取りでも、効果はしっかりと感じられます。

肌の調子もよくなったし、よく眠れるようになりました（実は整体師の先生に、熟睡できていないことも指摘されていたんです）。お風呂あがり、体が冷えないうちに靴下をはいているので、寝るときも足がぽかぽか。足元が暖かいと眠気を誘いますよね。だからすぐ眠たくなって。深く眠れるせいか、疲れが残らなくなりました。若いころよりも元気になった気がします。

重曹でうがい

エコ掃除が注目されるようになってから、重曹を家に常備しているご家庭も多いと思います。毎日の手軽なお掃除には、ぬるま湯100ミリリットルに小さじ1の重曹を溶かし混ぜた重曹水が便利です。この重曹水をスプレーに入れて、お風呂掃除や水道の金具、コンロにシュッ！　拭き取れば、重曹の粒が研磨剤代わりになり、ピカピカにしてくれます。ただ、重曹水だとキッチンのシンクや洗面ボウルの水アカ汚れは取れないので、そうした強力な汚れのときは、もう少し水の量を減らした重曹ペーストで磨いています。

お風呂や洗面所、キッチンの排水口は、重曹とクエン酸でお掃除します。外せる部分は外し、2分の1カップくらいの重曹を入れ（重曹の量は、あくまでも目安なので場所に合わせて加減してみてください）、クエン酸少量をふりかけます。そこへ水を少しだけかけるとシュワシュワと泡立つので、そのまま10分ほど放置。最後に水で流すと、すっきり！

重曹は、湿気取りや消臭剤としても使えるので、時々空き瓶に入れて、好きなアロマオイルをたらし、トイレに置いたりしますよ。


そして毎日のうがいにも使用。

風邪予防の習慣にしたいのが、外出先から帰ってきたときの手洗いとうがいですよね。私はうがいのときに、コップの水に小さじ2分の1杯くらいの重曹を加えます。少ししょっぱいですが、口の中もさっぱりしてとても気持ちがいいですよ。重曹は飲んでも体にいいと聞いたことがあります。胃腸の調子を整えたり、疲労回復に効果があるのだとか。ただ、あまり飲みすぎるのはよくないそうなので、私はうがいをした最後に、ひと口飲む程度にしています。

おすすめなのが、重曹ブラッシング。自分自身で「あ、今日、歯が汚れているな」と思うときってありませんか？　そんなとき、歯ブラシにちょっと重曹をつけて磨くとスッキリしますよ。

入浴剤にも重曹を使うことがあります。湯質がやわらかくなり、とろりとして、とても気持ちいいんですよ。お湯がアルカリ性になるので肌のピーリング効果が出て、お肌もつるつるに。

アロマオイルで香り付けしてもいいですよね。私は、すっきりしたいときはペパーミントやハッカ油、風邪気味のときにはティートゥリーのオイルを重曹に少しだけたらし、それをお風呂に入れています。

注意してほしいのは、うがいや入浴剤に使う重曹は、医薬品か食用の重曹を選ぶということ。薬局かスーパーの製菓コーナーで手に入ります。

一方、お掃除にはスーパーマーケットの洗剤コーナーで売っている重曹が安価でおすすめです。

風邪ひいたかも、というときは

「あら、風邪かしら？」

自分にしても家族にしても、ちょっと様子がおかしいな、というときに、私がすることは2つ。

まず食事のローフード率を上げること。そして冷え取りの強化。

高熱など明らかにひどくないかぎり、いきなり病院に行ったり、薬を飲んだりはしません。体が本来持つ〝回復力〟をローの食事や体の温めでサポートしつつ、様子を見るようにしています。

なぜローフードをより多く食べるようにするかというと、消化がよく、内臓に負担をかけないからです。体の抵抗力が落ちているとき、内臓に負担をかけてしまうと体の回復に使うエネルギーが足りなくなってしまいます。だから酵素の多い食べ物で消化を楽にしてやり、エネルギーは体の回復に使えるようにします。とはいえ、ローのものならそれでいいのかというとそうではなく、酵素やスムージー、りんごのすりおろしなど、のど越しのいい物やかまずに食べられる物を用意するようにしています。酵素シロップもいつもよりこまめに飲みます。

おなかの中から冷えを取り温めることも大切だと思っているので、葛も使います。水で葛を溶いたものを火にかけ、とろみが出たら、しょうがのすりおろしを入れる「葛しょうが」や、アーモンドミルクに葛を溶き、火にかけてとろみをつけた「葛アーモンドミルク」などなど。甘さが欲しかったら、メイプルシロップやはちみつを入れてもおいしいですよ。

鍋に葛と水を入れてよく混ぜてから、火にかけてとろみをつけたものに、メイプルシロップやきなこをかけて食べる〝風邪おやつ〟は、子どもたちに人気。どれも、冬でも少し汗をかくくらい体が温まるんですよ。

そして冷え取り。

熱があって体調が悪いときには入浴せずに安静にして過ごしなさい、と昔からいわれていますが、冷え取りを学んだ今は、体調が悪いときこそ、できる範囲で、半身浴をするようにしています。半身浴や足湯をした後、靴下を多めにはいて、とにかく足を温めるようにします。

冷え取りソックスの重ねばきも、こんなときはしっかりと4枚。プラスしてレッグウォーマーを重ねることもありますよ。そのときの体調によっては、さらに湯たんぽをプラスすることも。そして、「早くよくなりますように」と願って、ぐっすり眠ります。

そうそう、子どもによくある鼻風邪。まだ子どもが幼いころには、専用の鼻水吸い器を使って、こまめに私が吸引していました。息子は鼻水がたまることが多いのですが、鼻をしっかりと吸引してくれる小児科で吸引してもらって、できるだけ薬に頼らないようにしています。

私の中で風邪とは、熱が出る、味覚がおかしい、寒気がするなどの症状が重なったときのこと。こういうときには、お医者さんに行きます。

でも、お医者さん選び、とくに小児科は慎重に……。

熱や咳、鼻水が出たりなどの風邪の諸症状って、すべてが悪いと私は思っていないんです。体が自分で悪いところと闘っているから、熱や咳、鼻水が出るんだと思うんですよね。だから、それを無理やり薬でおさえつけるような治し方はあまりしたくなくて。最低限の処方だけをしてくれるお医者さんに通っています。

今、通っているお医者さんとの出会いは、ママ友たちからの口コミで。家からちょっと遠いのですが、とても信頼しているので通っています。

東洋医学で「未病」に努め、どうしてもというときは「西洋医学」の対症療法に頼る。どちらかに偏るのではなくバランスを大切にしながら、お医者さんともお付き合いしていきたいと思っています。

お風呂はゆっくり

お風呂は一日の汚れだけじゃなく、疲れも落とす、大切な時間。子どもたちが小さいころは、お風呂にゆっくり入る時間などありませんでしたが、最近は、赤ちゃんのころに比べると手がかからなくなり、一緒に入っても、ずいぶんゆっくりできるようになりましたよ。

小さいころ、アトピーだったので、とくに冬になるとひじやひざ、ひざ下の足もカサカサしていました。乾燥がひどくなると、かゆみも起きてくるので、できるだけ自分の皮脂を取らないように気をつけていて……。

幼いころ、母はお風呂の湯船の中で、木綿タオルで私の背中や首周りをそっと優しく流してくれていました。気持ちよくて、気持ちよくて何度も「背中流して」と甘えていました。お母さんとのお風呂時間、大好きだったなぁ。だからかな、大人になった今でも、たまにお風呂の中で、家族みんなで、背中を優しく流し合うのが好きなんです。「気持ちいいね〜」ってお互いに言っているんですよ。

父とお風呂に入ると、石けんいっぱいのタオルでゴシゴシ洗ってもらっていました。それはそれで気持ちよくて♪ でも母は、「そんなに汚れていないから、さっとでいいのよ」とよく言っていました。お風呂の入り方もいろいろですよね(笑)。

お風呂で使っている石けんは、「iHerb.com」(＊)で取り寄せている「Kiss My

Face」というオリーブオイル石けん。1個350円くらいの石けんなのですが、かなりの大きさがあり、持ちもよく、しかも洗い上がりしっとり。安心して子どもたちにも使えるので、重宝しています。これをよく泡立てて、〝手〟で体を洗います。

お風呂で体を洗うとき、母と同じようにゴシゴシタオルでは洗いません。必要以上に皮脂を落としたくないからです。皮脂を必要以上に落とすと、乾燥が気になるんですよね。年を重ねるごとに、自分の皮脂も大切に思うようになりました。湯船にはなるべく長く浸かりますが、洗いすぎないようにしていますよ。

髪は仕事で、強めのスタイリング剤を使用することもあるので、まず、シャワーで念入りにすすぎ、表面の汚れをしっかり洗い流します。それからシャンプー。でも、シャンプーもたっぷりは使いません。できるだけ少ない量をよく泡立ててから、頭皮を中心に洗うようにしています。

このとき、血流がよくなるように、しっかりと頭皮をマッサージ。頭皮は顔とつながっているので、マッサージすることによってリフトアップにも効果的なんですよ。そして最後にコンディショナーをして、おしまい。

お仕事もお休みで一日家にいたときなどは、〝シャワーシャンプー〟ですませることもあります。〝シャワーシャンプー〟とは、シャンプーは使わずに、シャワーだけで髪と頭皮を洗うこと。これで十分なの！　頭皮のベタつきやにおい、かゆみなども起きません。時間を見つけてはシャワーシャンプーで、髪も頭皮も休ませてあげています。

入浴剤は、温まりたいときは塩や日本酒を、肌をしっとりさせたいときは手作り酵素のカス(笑。詳しくは126ページ)を入れたりしています。夏場、重曹を入れると驚くくらいデオドラント効果があり、肌もさっぱりツルツルになりますよ。

何よりも塩や日本酒、重曹なら、〝食べ物〟なので、万が一、子どもたちの口に入っても安心(日本酒も原液ではないので)。だから、〝食べられる入浴剤〟にしています。

最近、お風呂あがりのバスタオルを少しずつ、ガーゼタオルに替えています。湯あがりにふわふわのバスタオルで体を包み込むように拭くのは、確かに幸せ。でも大きいぶん、収納場所も取り、洗濯も大変！　乾くのに時間もかかります。

ひょんなことから、娘が赤ちゃんのころにいただいたガーゼのバスタオルを、そういえばと思い出して、使ってみたら、とてもよくて♪

吸い取りはよく、薄くて軽くて、乾きもいい。なので、今は今治のガーゼバスタオルを家族分用意して使っています。これから買い替えるときには、ガーゼバスタオルにシフトしていこうと思っています。

＊

「iHerb.com」は、オーガニック食品、化粧品を扱うアメリカの大手通販サイト。送料も安く（ある一定の値段を超えると無料に）、そのうえアメリカ本土の現地価格でオーガニック製品を買えるので、とても重宝しているサイトです。

輸入物のオーガニック製品は、表参道の「ナチュラルハウス」や「クレヨンハウス」までわざわざ買いに行っていましたが、「iHerb.com」に出会ってからは、気軽にお買い物できるようになって助かっています。

アメリカのサイトですが、日本語表示なので安心ですよ。だから私の周りにもこのサイトを利用しているお友達がたくさんいます。

私がいつも買うのは、固形石けん、バスソルト、ハンドクリーム、アロマオイル、お茶、歯磨き粉、子ども用日焼けどめなど。

日本で買うと高いし、重くて持ち帰るのが大変なローハニー（非加熱、または低温でろ過されたはちみつのこと。酵素が破壊されないため、ビタミンやミネラルが豊富）やタヒニ（ごまペースト）、ピーナッツバター、アーモンドペーストも買っています。

毎日の美容

ありがたいことに「AYUMIちゃん、『ノンノ』のころから変わらないね～！」とよく言われるのですが、あれからもう20年。……いやいやいやいや、変わりましたよ！　年取ったなぁ～と自分でも思います（笑）。つい先日なんて、赤ちゃんのころの娘を抱っこする私の写真を見た息子に「お母さん、このころは若かったねぇ」なんて言われてしまいましたもの！

でも、私、シワもたるみも仕方がないなぁって思っているんです。

40歳になったとき、30代を過ごし、自分なりに思ったことがありました。一生懸命おしゃれをして、美容にこだわるのは女性として大切なことだと思う。でもそれ以上に〝内面から、そして体の中からきれいになりたい〟、そのほうが外側を飾るよりも大切なことなんじゃないか、って。

家族でよく行く大好きな温泉で、若い子たちの体を見かけると、ハリがあり、みんなとてもきれいなんですね。きっとそれなりにコンプレックスもあるとは思うのですが、若いということだけできれい！　でも、だんだん年を重ねて40代になると、その人の生き方が顔に、体に表れてくるように思います。だから、外からの美容にとらわれることよりも、内面や食べ物からも〝きれい〟を心がけていきたい！と思ったんです。

美容も〝できる範囲で〟が私のモットー。化粧品を選ぶ基準も食べ物と同じです。機能性ばかりではなく（もちろんシワがなくなるならうれしいけれど……笑）、肌が本来持っている力を引き出すような自然派化粧品を選ぶようにしています。といっても、メインで使っているのはたった3品……。

毎朝、起きてまず洗顔します。洗顔は、水ですすぐだけ。冬はぬるま湯を使います。洗いすぎると、必要な皮脂まで奪ってしまうような気がするので、洗顔料や石けんは使いません。こすりすぎないよう、水で包むようにして洗います。

洗顔後は、〝肌が強い（元アトピー……笑）〟ので、基本は化粧水↓クリームを塗っておしまい。出かけるときは、さらに日焼けどめクリームを塗ります。

乾燥が気になるときは、化粧水をつける前に「SHIGETA」の「EXオイルセラム」という抗酸化作用の高いマッサージオイルで、マッサージをします。マッサージは、首まで行います。難しいことは気にせず、押して気持ちのいい場所を押し、フェイスラインや首のラインのリンパが流れるようにマッサージします。このとき、肌を強くこすると、肝斑《かんぱん》（頬や額などに左右対称にできる地図状のしみ）の要因になると聞いたので、摩擦が起こりにくいよう、オイルはたっぷりとつけて、指先でなでるように行っていますよ。

こうして、顔全体をオイルで包むと、肌が内側からしっとりとして、すごく調子がいいんです。乾燥肌の人には、ぜひ試してみていただきたいですね。

化粧水は、仲良しのヘアメイクさんに数年前に教えてもらってからお気に入りの「ヘーラールーノ」。酵素食品で有名な「大高酵素」が出している化粧水です。化粧水の中に発酵成分が入っていて、独特のにおいがするのですが、私はこの香りも、さっぱりとした使い心地も好きです。

化粧水の後に使うクリームは、「ライスフォース」の「ディープモイスチュアクリーム」。マッサージをしても乾燥が気になるときは、同じ「ライスフォース」の「ディープモイスチュアローション」をつけたあと、「ディープモイスチュアクリーム」をつけます。「ライスフォース」の化粧品は、肌をしっとりとさせ、安心感ある使い心地なので、長年使い続けている基礎化粧品です。

「エルバビーバ」の太いスティック状の「ベビーリップCバーム（リップ＆チークバーム）」も手放せないほど常用しています。私はリップクリーム代わりにしていて、仕上げに唇に塗ります。子どものためにと使い始めた商品ですが、あまりによくて、子どもが成長した今でも、いつもバッグにしのばせているほどお気に入り。使い始めてから、冬場の唇の荒れとは、サヨナラしました。

年齢とともに肌の感じも変わっていきますよね。〝きれいな肌でいたい〟というのは、誰もが持つ願い。その時々に合ったケアをしていきたいです。

セサミオイルでマッサージ

服部みれいさんの『SELF CLEANING BOOK—あたらしい自分になる本』（アスペクト刊）で知った、アーユルヴェーダのセサミオイルマッサージ。時々、入浴前にやっています。これがもう、言葉にならないほど気持ちいいんです〜！　抜群のリラックス効果があるので疲れも取れるし、肌もしっとり&もっちり。

セルフマッサージは自分の手で自分をケアすることになるので、癒し度が高いのでしょうね。何よりも〝食用の油〟を使うので、万が一口に入っても安心だし、ボディオイルよりもずっとお安いのも、主婦としてはうれしいですね。

やり方は簡単です。

材料は市販の「白ごま油」だけ。私はスーパーマーケットで手に入れやすい「太白ごま油」を使っています。中華料理などで使う焙煎した茶色のごま油と異なり、太白ごま油は、ごまを炒らずに低温で圧縮して抽出しているため香りがほとんどありません。だから、体がにおったりしませんよ(笑)。

この白ごま油を鍋で90度まで熱し、そのまま人肌になるくらいまで冷ませばマッサージオイルの完成です。オイルを〝もみ込む〟のではなく、肌表面に〝塗る〟感覚で優しく全身をマッサージ。血流がよくなり、全身がぽかぽかと温かくなってきますよ。

そうそう、このマッサージは、とくに頭皮に行うと心身のバランスが整うのに効果的といわれているので忘れずに。次に有効なのが足首、足の甲、足裏。耳たぶにマッサージすると、目、首、肩のこりや疲れが取れます。

全身に塗り終えたら15分ほど、そのままにしておきます。オイルが骨まで浸透して、体の毒などを排出してくれるんだとか。もちろん15分以上放っておいてもOKです。より効果が高まるそう。

最後にお風呂に入ります。シャワーを浴びるか、半身浴をします。私は半身浴をすることが多いかな。ところがお風呂に油が浮くので、だんなさんに「勘弁して〜!」と言われてしまうことも……(笑)。

終わった後の浴室のお掃除は大変ですが、その掃除の労力を考えても、やりたくなるほど気持ちのいいマッサージですよ。大げさかもしれませんが、温泉に行ったときと同じくらい、デトックス感を感じます。

ただし、初めての方はご注意を。かなりのデトックス効果があるので、マッサージ後、疲れが出てしまうことがあるんです。仕事やお出かけの予定があるときはやめておきましょうね。

このマッサージを行うのに最適なのが、空腹で、午前～夕方前までの時間帯。いちばんデトックス効果があるといわれています。でも、私はいつも入浴前にやっていますよ。私の場合、リラックス効果をいちばん期待しているので、あまり時間帯は気にしません。

最後に……。このマッサージは、大きめのバスタオルを敷き、その上で行ってくださいね。どんなに気をつけて行っても、やはりオイルが飛んだりしますし、リビングの床にも、オイルがついた足跡がつき、それがまたよく目立つんです(苦笑)。

私にとってはスペシャルケア。今は月に2回ほど行っていますが、もう少し回数を増やしたいところです。

感謝しながら拭き掃除

毎日、毎日、驚くほどホコリがたまるものですよね〜。掃除機は毎日かけたいと思っていますが、忙しくてかけられない日があるのが現実です。以前はコードつきの掃除機とほうきを使っていて、掃除機を出すまでもないときには、ささっと、ほうきで掃いていました。あるとき、コードレス掃除機が便利と人から聞き、わが家も使い始めました。

これが便利で！

気になったその瞬間に、さっと掃除機をかけられるので、気持ちがいいし、とても楽。平日は、朝や仕事から帰宅した後に時間があったら掃除機をかけます。でも、どうしても、食事作りや洗濯を優先してしまうので、掃除は二の次になりがち。家事の優先順位としては下のほうかな。それでも1日おきくらいにはかけるようにしています。平日は〝最低限のお掃除〟で精一杯！主婦仕事は休む暇がありませんよね。

その代わり、休日には拭き掃除を心がけています。家族みんながお世話になっている大切なおうちですもの、たまの水拭きのときには、「ありがとう」の気持ちを込めて、丁寧に拭いています。本当は、毎日少しずつでも水拭きしたいのですが、その少しの時間がなかなか作れなくて……。

大切な水拭きの時間。私はひと手間加えておうちへの感謝を表しているんです。殺菌作用のあるティートゥリーのアロマオイルをバケツに数滴。その水で拭き掃除するだけで、家中がいい香りに包まれ、すごくすっきりします。私自身のリフレッシュにもなり、心も洗われるような気がします。

北海道に住むいとこの里《さと》ちゃんの家に泊まりに行ったときのこと。おっとりとしていて優しい里ちゃんは、女の子2人のママ。2人の娘さんたちも、どうしたらこんなに素直に育てられるものかと、感心するほど。

そのおっとり里ちゃんが、家ではぱっぱ、ぱっぱと茶碗洗いから片付け、掃除を無駄なくササッとすましている姿を見ました。

「里～、よくそんなに手際よくできるね～」と、感心しましたよ。

その手際のよい里ちゃんの姿を見てから、妙に、その無駄のない家事をしている姿が目に焼きついてしまって(笑)。自分も要領よく、リズムよく、家事をこなしている姿をイメージするようになりました。それからかな? 不思議なことに私も、里ちゃんのように、家事を要領よくすませられるようになった気がします♪

スポーツ選手ではありませんが（笑）、家事もイメージトレーニングが大切なのかもしれませんね！

洗剤はひとつ

スーパーマーケットでは、さまざまな用途や香りの洗剤が売られています。それらを買いそろえるのも楽しいのかもしれませんが、今の私には無理。どんな洗剤がどれだけどこにあるのか、管理しきれなくなるんです。

だからわが家で使っている洗剤は、食器洗い用、お洗濯用、掃除用含めて、ほぼ「松の力」という自然派洗剤だけ。

〝ほぼ〟というのは、普通の洗濯洗剤も使っているからです。サッカーウエアに柔道着、そして靴下……、息子の汚れものは、やはり普通の漂白剤入りの洗剤で洗わないと落ちません！

男の子のお母さんなら、あの汚れのすごさ、わかってくれますよね～!?

だんなさんも、汗や汚れが気になる夏の衣類は「普通の洗剤で洗ってほしいな〜」と言うので、〝普通の洗剤〟で洗っていますよ。

そんなふうにして、2本の洗剤を使い分けています。

でも、洗剤はこの2本だけなので、お風呂場やトイレを占領していた洗剤ボトルがなくなり、すっきり！

「松の力」は、松の樹液と水だけで作られた、石油化学物質は含まない洗剤です。万能洗剤なので、お洗濯なら原液のまま、食器洗いには原液〜3倍に薄めて……といった具合に、用途によって濃度を変えて使えるのがいいところ。私はいつも、2リットル入りの大容量パックをストックしておき、それを別容器に詰め替えて食器洗い、お洗濯、お風呂掃除に使っています。しかも、塩の7倍以上の安全性があるので、万が一、子どもの口に入っても大丈夫。なんと、シャンプーやボディソープとしても使えるんですよ。

通常、食器洗いは、アクリル毛糸タワシと水またはお湯だけですませることがほとんどです。軽い汚れなら、アクリル毛糸タワシで十分汚れは落ちます。「松の力」を使うのは、油物を食べたときなど、しつこい汚れのときだけです。

自然派洗剤というと、油物のお皿の汚れや、ベタつきが落ちにくい印象があるかもしれません。「松の力」には洗浄力もあり、きちんと汚れが落ちるので気持ちいいんです。泡があまり立たないので、すすぎのお水も節約できますよ。泡が立たないと、最初は不安になるかもしれませんが、泡が立つからといって、洗浄力が高いわけではありません。知っていても、泡が見えると、すごくきれいになった気がしますよね。だんなさんもそうで、使い始めたころはあまり泡立たない「松の力」でお洗濯していると、「ホントにきれいになってるの～?」と聞かれたものです。もうブクブク泡での洗い物は卒業しました。

布ナプキンのすすめ

20代のころは生理不順でしたし、生理初日は、いつもおなかが痛くて大変でした。娘を出産し、生理が戻ってきたころ、「ナチュラルハウス」などの自然食品店で目にしていて、気になっていた布ナプキンを少しずつ取り入れるようにしてみました。すると、いつの間にか生理周期も整ってきたし、生理痛もなくなっていたんです！

数年前から、少しずつ布ナプキンも女性誌などで取り上げられるようになってきて、いろいろな人から使い心地や魅力などを聞かれるようになりました。私が布ナプキンをいいと思っているのは、冷えなくなったこと、気持ちがいいこと、肌にも地球にも優しいこと。でも、〝全切り替え派〟ではありません。紙ナプキンとの〝併用派〟です布ナプキンで、やはり皆さんも心配だと思うのが、モレやズレ。私も最初のころは、生理最後のほう、量の少ない日から使ってみて、少しずつ布ナプキンを使う日や使う時間を増やしていきました。そうしているうちに、だんだんと要領もわかるようになり、今では、自宅にいる間は、ほとんど布ナプキンで過ごしています。ただ、仕事などで外出するときは、普通の生理用紙ナプキンを使っていますよ。

布ナプキンのよさは、試してみるとわかります！　オーガニックコットンの布なので、紙と違って温かいし、つけていて安心するんですね！　冬など、とくにほっとします。だからきっと、冷えが気になる女性にもいいはずですよ。私は冷え取り健康法も実践しているので、どれがどの効果かはっきりわからないのですが(笑)。布ナプキンを取り入れるようになってから、生理期間中特有のあの〝体温がぐっと下がる感じ〟もなくなりました。

使っているお友達からよく聞くのが、「肌かぶれ」がなくなったということ。とくに夏など、生理中の肌かぶれに悩む人、多いですよね。でも、それがなくなったって、みんな言うんです。私もあちこちで聞くたびに布ナプキンの包容力を感じていますよ！

そして地球に優しいこと。やはり布ナプキンを使い始めると、ごみがぐっと減るのを実感します。そのぶん、お洗濯の手間が増えるのは事実。でも、慣れるとそれほど面倒ではなくなりますよ。私は専用のふた付きブリキバケツを用意しておいて、そこに重曹水と一緒に浸けておきます。その後、石けんで手洗いしてから洗濯機で洗っています。

冷え取り健康法と同じで、布ナプキンも最初の投資はちょっとかかります。ひととおりそろえるのに、2万~3万円くらい。一気にそろえなくても、少しずつ買いそろえていくのもいいかもしれません。でも、一度買ったら長く使えるので、結果、高い買い物ではなかったと思っていますよ。私は、東京・代官山にある布ナプキンの専門店「レメディィガーデン」に行きました。いろいろなブランドの物、そしていろいろなタイプの形の布ナプキンが見比べられるので、おすすめです。

眠りへのこだわり

睡眠時間は、しっかり取るように心がけています。健康や美容のため、というのもありますが、やはりきちんと睡眠を取ると、毎日気持ちよく過ごせるから。それに、まだまだ子どもたち、とくに娘は「一緒に寝ようよ」と言うので、毎晩必ず一緒に寝室へ行きますよ。いつも寝かしつけるつもりが、一緒に寝ちゃうことが多くて……。絵本を1冊読み聞かせて……3秒以内には寝ているような……だから9時半には寝てしまうことも多くて。

でも、早朝ロケがあるときなどは4時前に起き、5時過ぎには家を出ることも。こうして元気に働けて、お母さん業をこなせるのも、早寝のおかげかもしれませんね。

お母さんになるとみんな同じだと思うのですが、寝ていても、子どもの寝相やちょっとした物音でも気がつくようになりますよね？　独身のころのように、眠りが深くないんですよね。だからこそ、たとえ短時間でも深く、気持ちよく眠りたいので、パジャマや寝具にも少しだけこだわっています。やはり自然素材が気持ちよくて好き。

パジャマは、シルクの肌着とゆったりとしたシルクのレギンスをはき、上からワンピースタイプのパジャマを着たり、夏はリネンのパジャマを着ることもあります。

布団カバーは、リネンかシルク素材のものを。どちらも夏は涼しく、冬は暖かいので、本当に心地よくて……。私たち家族の〝質のよい眠り〟を手助けしてくれています。ベッドカバーは、今、コットンの物を使っていますが、いつかシルクの物にしたいなぁ～と思っているところ。

そして寝室の温度管理。

夏はサーキュレーターを使って、寝室の空気を動かしています。冷房は、ほとんど使いませんが、寝苦しくなったり、子どもたちが汗だくになるような日には、28～29度くらいに設定して寝ています。

寒い季節になったら、湯たんぽを足元に入れておくこともあります。子どもたちが、夜、お布団に入ってもなかなか寝つけない日など、湯たんぽをそっと渡すと、すぐに寝ますよ。〝あったか～い〟って喜んで。やっぱり温かさって、人を眠りに誘うんですね。

寝るときに、暖房を入れることはありません。ただ、とても寒いときには、寝る1時間くらい前に寝室の暖房をつけ、お布団をめくっておきます。こうしておくと部屋の空気もお布団からも冷たさがなくなります。そして、寝るときには、暖房を消してみんなでくっついて寝ますよ。

わが家の寝室には大きな窓があって、そこから月がよく見えるんです。だから満月の日や、お月様がきれいに見える日には、カーテンを開けて、みんなで月光浴――。

きれいなお月様に照らされて「今日も一日、ありがとうございました☆」と、子どもたちと声をそろえてお月様にあいさつしてから、眠りにつきます。

自然や四季を感じること

東京に来て20年ほどがたち、少しずつ都会の環境にも慣れ、気がつくと、若いころのように、人ごみやたくさんのネオンに戸惑うこともなくなりました。だんだんと順応してきたのでしょうね。

人にはそれぞれ大切にしていること、好きなことがありますよね。私は、自然の中で過ごす時間を大切にしています。北海道・十勝の大自然に囲まれて育った私にとって、自然のエネルギーはとても大切です。

時間によって、季節によって、一瞬たりとも同じことがない空の色――。

季節によって表情が変わる木々や畑の色――。

東京に来て、この自然の〝色〟の素晴らしさを改めて感じるようになりました。それで、お休みになると温泉に行ったり、キャンプや登山をしたくなってしまうのかもしれません。いつも穏やかに暮らしていたいと心がけてはいても、つい〝やること〟に追われてしまいがち。自然に触れるとすごく心も頭もクリアになって……。自然の力、エネルギーってすごいですよね。

とくに私は温泉が大好き！　お湯の肌触り、におい、温度、お風呂から望める自然の景色……。温泉は五感全部を使って自然を感じられるので、とても癒されます♪　気持ちをリセットするのにもぴったり。それに、準備と後片付けの必要な登山やキャンプに行けないときでも、温泉なら思い立ったら身軽に出かけられるのも気に入っています。

温泉の持つパワーに癒されたくて温泉に出かけるので、温泉選びで私が大切にしているのは、立派な温泉施設というよりは、いいお湯があるところ。できるだけ加水などの手が加わっていない自然からの恵みのままの、源泉掛け流しの温泉を選ぶようにしていますよ。日本は全国どこにでも温泉があるので、本当、「日本って、いいなぁ〜」と、心から思います。

子どもたちにも季節の移り変わりを感じてほしいので、食べ物の旬はもちろん、季節ごとの行事や風物も大切にしています。

野菜の旬は、農地に囲まれた環境で育ったので、なんとなく体が覚えています。でも、北海道以外の土地の農産物だとわからないものも多く、そんなときは八百屋さんに聞いています。

行事は、お正月、節分、バレンタイン、桃の節句、端午の節句、夏祭り、ハロウィン、クリスマス……そして家族みんなのお誕生日とたくさん！

一年を通して、楽しんでいますよ。それに行事食が入るといつもより食卓が華やぎますし、行事食の由来などを話して聞かせることも大切なことだと思っています。

スマホとお母さん業

自他ともに認める機械音痴な私。お恥ずかしい話ですが、パソコンから写真をプリントアウトすることすらできません……。いつもだんなさんに頼りっぱなしです。普段は、パソコンにもほとんど触りません。それでも本書の原稿作業で、慣れないパソコンと向き合っていますが、文字を打っているだけなので、なかなか使いこなせずにいます。

そんな私ですが、仕事のやりとりからいろいろなことを検索することまでスマホでできるようになりました。もう、東京の路線図と地図を握り締めて歩かなくても大丈夫！（笑）

便利な時代になりましたよね～！

でも本当は、あまり必要以上に触りたくないんです。とくに子どもの前では。お母さんがスマホを触っていたら、子どもたちだって触りたくなりますものね。でも、仕事のやりとりに使っているうえ、ブログやインスタグラムの記事もスマホでアップしているので、スマホに触らずに生活するのは無理。

そこで自分なりのルールを決めました。家にいるときには、できるだけ家族のことに専念する時間にしたいので、ブログやインスタに記事をアップするのは、電車などでの移動時間内に限ったのです。とは決めたものの、なかなかその時間内で終わらないこともあり……。しかも、今まで音楽を聴いたり、本を読んでいた貴重な電車の中の自分時間が減ってしまって……少しさびしいなぁ〜。

お母さん業も仕事もあり、まだまだ毎日忙しいので、やりたいことが全部できないのは当たり前のこと。その限られた時間の中で、自分にとっての優先順位をきちんと見極めながら……、大切なことが抜けないように、過ごしていきたいです。

とくに子育ては、待ってはくれません。子どもたちは、日々、大きくなっていきます。その時その時の、子どもたちにきちんと目を向けて気持ちを寄せて、母であることを大切にしていきたい☆と思っています。だから、子どもと一緒にいるときには、(仕事など必要なときは仕方ありませんが)できるだけスマホは必要最低限の短い時間で、と心がけています。

おわりに

食生活や生活習慣を見直そうと決めたときに、「よ～し、毎日続けるぞ～」「夜は必ず一汁五菜を作る！」などと張り切って高い目標を設定することってありますよね。

その一方で、「きちんと、できるかな？」「続けられるかな？」と不安に思うこともあるかもしれません。

でもね、いいんです、完璧じゃなくても。

まずは〝できることを、できる範囲で〟くらいが、ちょうどいい♪

そう思えば、気楽に始められますよ☆

本書にも書いたように、ナチュラルな暮らしに目覚めたころの私は、完璧を求めて、肩に力が入っていたように思います。でも、あるとき気づいたんです、これでは続かないし、家族も迷惑だって。以来、わたしは「ゆるナチュラル」。

自分が実践してよいと思えることは、続けていけます。大切なのは、自分の体と向き合って、〝心地よい〟と感じることを尊重してあげること。そうすると、必然と自分にとって〝よいこと〟がわかってくると思います。

40歳を迎えた時に強く思ったことが、〝体の中からきれいでいたい〟でした。あれもこれもは無理なので、自分に必要と思うことを、しっかりと選んでいきたい。それは、食べ物だけではなく、生活の習慣もあわせて。もっと言えば、心の在りようまで、大切にしていきたいと思いました。

〝心も体もクリアにして、必要なことを選んでいける自分でいたい〟

それが私の40代の目標。


20代のころは、〝自分のために〟でした。

30代は、〝家族のために〟と思うようになりました。

40代になった今、〝周りの人のために〟も伝えられる人になりたい、と願っています。この本を読んだみなさんやそのご家族、周りの人にも〝体にいいこと〟のヒントになるようなことが見つかりますように☆

本書を制作するにあたり、編集してくれた主婦と生活社の吉川亜香子さん、たくさんのことを私から引き出してくれたライターの児玉響子さん、自然体の私を写してくれたカメラマンの安彦幸枝さん、素敵な装丁をしてくれた

高橋 良さん、いつも体にいいことを教えてくれる大好きなヘアメイクの吉岡美幸ちゃん、そして心強くサポートしてくれるマネージャーの東あとりちゃん。

みなさんの大きなお力に、心から感謝しています☆

そして、最後まで読んでくださったみなさまへ。

ありがとうございました☆

2016年 桜が咲くころに　AYUMI

さいしょは、フルーツ

著者　ＡＹＵＭＩ

編集人　小田切英史
発行人　倉次辰男
発行所　株式会社 主婦と生活社
〒１０４－８３５７ 東京都中央区京橋３－５－７
編集代表　０３－３５６３－５１９４
販売代表　０３－３５６３－５１２１
生産代表　０３－３５６３－５１２５
http://www.shufu.co.jp

製版所　東京カラーフォト・プロセス株式会社
印刷所　太陽印刷工業株式会社
製本所　小泉製本株式会社

ISBN978-4-391-14825-1

Printed in Japan

装丁……………高橋 良（chorus）
構成・文………児玉響子
撮影……………安彦幸枝
ヘアメイク……吉岡美幸
校閲……………Ｋ・Ｉ・Ａ
企画協力………テンカラットプリューム
編集……………吉川亜香子